AF864603

NOCIONES BÁSICAS
DE CONTRATACIÓN PÚBLICA

ESTANISLAO ARANA GARCÍA
FEDERICO A. CASTILLO BLANCO
M. ASUNCIÓN TORRES LÓPEZ
FRANCISCA L. VILLALBA PÉREZ
(*Directores*)

FRANCISCA L. VILLALBA PÉREZ
(*Coordinadora*)

NOCIONES BÁSICAS DE CONTRATACIÓN PÚBLICA

CUARTA EDICIÓN

AUTORES

FRANCISCO M. BOMBILLAR SÁENZ
M. ASUNCIÓN TORRES LÓPEZ
FRANCISCA L. VILLALBA PÉREZ

tecnos

Diseño de cubierta:
J. M. Domínguez y J. Sánchez Cuenca

Por expreso deseo de los autores de esta obra, los derechos de autor obtenidos por la venta de esta edición se destinarán íntegramente a los programas sociales de la Asociación Calor y Café de Granada.

1.ª edición, 2014
4.ª edición, 2022

Reservados todos los derechos. El contenido de esta obra está protegido por la Ley, que establece penas de prisión y/o multas, además de las correspondientes indemnizaciones por daños y perjuicios, para quienes reprodujeren, plagiaren, distribuyeren o comunicaren públicamente, en todo o en parte, una obra literaria, artística o científica, o su transformación, interpretación o ejecución artística fijada en cualquier tipo de soporte o comunicada a través de cualquier medio, sin la preceptiva autorización.

© Estanislao Arana García, Francisco M. Bombillar Sáenz, Federico A. Castillo Blanco, M. Asunción Torres López y Francisca L. Villalba Pérez, 2022
© EDITORIAL TECNOS (GRUPO ANAYA, S. A.), 2022
Juan Ignacio Luca de Tena, 15 - 28027 Madrid

PAPEL DE FIBRA CERTIFICADO

ISBN: 978-84-309-8417-6
Depósito Legal: M-214-2022

Printed in Spain

ÍNDICE

PRESENTACIÓN A LA PRIMERA EDICIÓN

NOCIONES BÁSICAS DE CONTRATACIÓN PÚBLICA

En la formación académica de los alumnos del Grado en Derecho es fundamental el conocimiento de la contratación pública ya que su contenido conexiona las dos vertientes en las que se ramifica la columna vertebral de la carrera: el Derecho privado y el Derecho público. Consciente de ello la Facultad de Derecho de la Universidad de Granada apostó en la elaboración de los Planes de Estudio del Espacio Europeo de Educación Superior (EEES) por incluirla como asignatura optativa en uno de los itinerarios jurídicos que conforman la carrera, bajo la consideración de que su estudio, abordado desde un prisma nacional, comunitario e internacional, añade un plus en la formación jurídica del alumno.

La contratación pública es una de las facetas de la actividad administrativa que más influye en el desarrollo económico de los Estados, y como cualquier manifestación de la Administración Pública se encuentra sometida, por imperativo del artículo 103.1 CE, a la satisfacción objetiva de los intereses generales. Se trata de una institución jurídica con gran importancia económica ya que moviliza elevadas sumas de fondos públicos y pone de relieve la transparencia, objetividad, imparcialidad, y la ética de la actuación pública. Supone una radiografía de la situación material en la que se desenvuelve el Estado de Derecho de cualquier país democrático avanzado.

La presente obra pretende responder a la nueva realidad a la que se enfrenta la enseñanza del Grado en Derecho. No se trata de una monografía al uso, en esta materia las hay y muy buenas. Nos encontramos ante un libro que sistematiza conceptos básicos y fundamentales que todo estudiante debe conocer para poder superar la asignatura de contratación pública. Estos conceptos se ofrecen de una manera sencilla y se presentan de forma lo más gráfica posible para facilitar su comprensión y aprendizaje.

Cada uno de los temas que integran la obra se inicia con unas palabras clave que identifican la materia con una enumeración de los objetivos que se pretenden conseguir, pasando posteriormente a exponer el contenido docente. Junto a ello se ofrece un material didáctico que trata de facilitar el estudio y asimilación de dicho contenido mediante unas preguntas clave, un test de autoevaluación, bibliografía específica, normativa de referencia y enlaces web de utilidad. Finalmente, cada capítulo se acompaña de tres actividades complementarias que persiguen facilitar la aprehensión del contenido teórico, así como complementar algunos aspectos que no han podido ser objeto de suficiente atención en el bloque teórico.

Como coordinadora de la obra quiero mostrar mi agradecimiento a sus directores y a los profesores del Departamento de Derecho administrativo que participan en ella por su generosa disponibilidad a la hora de dotar a su contenido de cierta homogeneidad renunciando en muchos casos a sus legítimas preferencias y criterios personales.

FRANCISCA L. VILLALBA PÉREZ

LECCIÓN 1

CONCEPTO, EVOLUCIÓN NORMATIVA, SUJETOS, TIPOLOGÍA Y CONTROL DE LOS CONTRATOS DEL SECTOR PÚBLICO. ORGANIZACIÓN ADMINISTRATIVA PARA LA GESTIÓN DE LA CONTRATACIÓN

FRANCISCA L. VILLALBA PÉREZ
Profesora Titular de Derecho Administrativo
de la Universidad de Granada (Catedrática acreditada)

I. PALABRAS CLAVE

Principios constitucionales y de Derecho europeo. Principios generales de la contratación pública. Ente contratante. El contratista. Clases de contratos del sector público. Revisión y control de la actuación contractual. Organización administrativa para la gestión de la contratación.

II. OBJETIVOS

a) Conocer el contenido de la normativa aplicable y la influencia del Derecho europeo, identificando las especificidades que contiene la contratación del sector público.

b) Adquirir la capacidad para conocer las reglas relativas a los sujetos contratantes, el ámbito de aplicación de la LCSP, y la gestión de la organización administrativa en materia de contratación del sector público.

c) Delimitar el régimen jurídico de los distintos contratos del sector público y familiarizarse con los mecanismos de impugnación, revisión y control de la actuación contractual del sector público.

III. CONTENIDO DOCENTE

1. FUNDAMENTOS CONSTITUCIONALES Y DE DERECHO EUROPEO EN MATERIA DE CONTRATACIÓN PÚBLICA

La denominación de «contratación pública», «contratos públicos» o «contratos del sector público» incluye los diversos tipos de contratos que pueden celebrar los entes, organismos y entidades del sector público. Los países de nuestro entorno utilizan para definir esta figura las nociones de *marchés publics* (Francia), *public procurement* (Reino Unido) y *öffentliche Aufträge* (Alemania). Y en el ámbito internacional, la Organización Mundial del Comercio, en el marco del Acuerdo sobre Contratación Pública (ACP), utiliza la denominación de «compras del sector público».

La contratación pública, como cualquier otro aspecto del régimen jurídico de las Administraciones Públicas, debe partir de la norma suprema de nuestro ordenamiento jurídico: la Constitución, que incide sobre la actividad de los poderes públicos, entre los que se encuentra la Administración Pública. Y de los preceptos constitucionales deben extraerse los mandatos concretos que afectan a la regulación de su régimen jurídico. El profesor A. Nieto García señala que el jurista que analice la organización y actividad de la Administración Pública deberá centrar sus reflexiones iniciales en el texto constitucional tomándolo como primer punto de referencia. Por ello es imprescindible conectar las normas de Derecho Administrativo con las bases constitucionales que subyacen en todas ellas. La regulación de la actividad contractual de las Administraciones Públicas no queda al margen de este proceso de adaptación, sino que su validez dependerá de su acomodación a los principios y preceptos constitucionales.

Así, los artículos 9.2 (principio de igualdad material), 9.3 (principios de legalidad, interdicción de la arbitrariedad, responsabilidad de los poderes públicos), 14 (igualdad formal ante la ley), 103.1 (objetividad, satisfacción de los intereses generales) y 149.1.18.ª (régimen competencial del legislador estatal), todos ellos de la Constitución española (en adelante, CE), deben incidir y proyectarse sobre nuestra normativa contractual interna, al constituir el núcleo esencial de las bases constitucionales sobre esta materia.

La contratación pública es una de las facetas de la actividad administrativa que más influye en el desarrollo económico de los Estados. Y como cualquier manifestación del quehacer de la Administración Pública se encuentra sometida, por imperativo del artículo 103.1 CE, a los intereses generales, que se convierten en el parámetro constitucional donde los poderes públicos deben residenciar todas sus medidas, actuaciones y decisiones. La presencia de este interés general en la contratación pública se constata a través de la realización objetiva de la misma, incidiendo en que su desarrollo se lleve a cabo con total imparcialidad, neutralidad y transparencia; principios constitucionales que deben presidir las actuaciones de las Administraciones Públicas como instituciones al servicio objetivo de los intereses generales.

Ahora bien, esta objetividad en la contratación pública no debe medirse solo por la ejecución de la Ley, sino en el modo en que dicha ejecución debe hacerse y, que como reiteradamente señala la jurisprudencia del Tribunal Supremo, ha de desarrollarse a través de pautas previamente establecidas y no a través de criterios subjetivos.

Se concreta por tanto la objetividad de la contratación pública mediante cauces jurídicos que aseguren la existencia efectiva de la concurrencia entre los distintos agentes económicos, como aplicación particularizada del principio de igualdad constitucional, que tiene su expresión y manifestación concreta en la publicidad del contrato y en los distintos procedimientos de selección del contratista. Estos principios constitucionales deberán impregnar las actuaciones del órgano de contratación.

Desde hace algún tiempo uno de los mayores problemas que visualiza la doctrina jurídico-administrativa en materia de contratación pública, es la creciente privatización de las formas de organización administrativas. Las Administraciones Públicas utilizan con cierta asiduidad formas jurídico-privadas de personificación para realizar actividades administrativas sometiendo su actuación general y, de forma particular, su contratación, a un régimen, si no enteramente privado, sí mucho más flexible y ligero de exigencias y controles. Y si bien es verdad que el legislador debe ser más cauto con las remisiones al Derecho privado y que el problema requiere una máxima atención por parte de la doctrina jurídico-administrativa, a nuestro juicio, la huida del derecho administrativo por parte de las Administraciones Públicas podría ser abordada desde dos parámetros.

Uno de ellos, la consideración de la organización administrativa general como una estructura personificada en la que se incardinan las distintas entidades y organismos que la integran y a las que el ordenamiento jurídico otorga una cualidad jurídica peculiar por los intereses públicos o generales que persiguen, es decir, un ámbito común diferenciado, en el que las relaciones jurídicas que se traben han de estar ordenadas por los principios superiores que impone nuestro texto constitucional en el artículo 103.1 CE.

El otro enfoque de este fenómeno nos vendría dado por la constatación de que, en muchos casos, la Administración Pública traslada a sujetos y organizaciones de base jurídico-privada, como las sociedades mercantiles públicas o las fundaciones del sector público, el cumplimiento de actividades administrativas de carácter público que les son propias, de tal manera que estas personificaciones privadas se convierten en verdaderos agentes de aquella y ya no actuarán como sujetos privados porque no ejercitan actividades propias, sino que su actuación se ciñe a la realización de actividades que la Administración le ha transmitido y que por ello han de ser ejercidas con las mismas ventajas e inconvenientes y con los mismos límites que el ordenamiento jurídico impone a las actuaciones de las Administraciones Públicas.

Con esta interpretación funcional que vienen proclamando el Tribunal Constitucional (en adelante, TC) y el Tribunal de Justicia de la Unión Europea (en adelante, TJUE) se descubre la verdadera condición de poderes públicos que ostentan muchos de los entes, organismos y entidades del sector público que quedan sometidos al derecho privado. Porque sus actuaciones están dominadas totalmente por la Administración matriz que los crea, y su organización, origen y financiación es de carácter público. Por ello, aquellos ámbitos de su actividad que incidan o afecten a los derechos de los ciudadanos han de quedar sometidos a la aplicación de los principios jurídico-públicos, con independencia de su labor privada.

Si a pesar de ello aún existiera algún déficit de nuestra regulación interna para resolver el problema del escape de ciertos organismos de la normativa contractual pública, la solución nos podría venir de la mano de la normativa de la Unión Europea sobre contratación pública, que ante las prácticas restrictivas a la competencia y la inaplicación de principios jurídico-públicos de los Estados miembros (en adelante, EEMM), ha regulado de manera minuciosa y detallada las fases de preparación y adjudicación del contrato, y algunos aspectos de su ejecución y extinción. Hoy, los procedimientos de preparación, selección y adjudicación de los contratos públicos son similares en todos los EEMM de la Unión Europea, así como algunos aspectos de la ejecución del contrato público (condiciones especiales de ejecución, modificación, subcontratación y resolución de los contratos).

Los objetivos y finalidades de la intervención de la Unión Europea en materia de contratación pública son potenciar el buen funcionamiento de un proceso económico basado en el mercado, lo que requiere uniformidad del marco jurídico de las actividades de los agentes económicos que en él concurren. Abrir los mercados a las empresas de los distintos EEMM a través de la publicidad y la concurrencia. Crear las condiciones de competencia necesarias para que no haya discriminación en la adjudicación de contratos. Someter todos los contratos onerosos a los principios que vertebran la contratación pública: igualdad y no discriminación, objetividad, transparencia, confidencialidad, publicidad, concurrencia. Y garantizar la adjudicación a la oferta económicamente más ventajosa.

La normativa europea busca conseguir la efectiva apertura del mercado interior europeo en la contratación pública; para ello ha llevado a cabo un proceso de armonización de los distintos marcos jurídicos de los EEMM en esta materia, lo que ha contribuido a la formación de un Derecho Administrativo europeo de la contratación pública. Quizá sea en este sector donde el desarrollo normativo de la Unión Europea esté llegando más lejos y, consiguientemente, donde la armonización de los ordenamientos de los EEMM se esté produciendo con mayor intensidad.

Ahora bien, los motivos que impulsan la regulación europea sobre contratación pública no coinciden totalmente con los que deben impulsar a nuestra legislación interna. Como acabamos de ver, el intervencionismo normativo europeo busca el buen funcionamiento de un proceso económico basado en el libre mercado por lo que reclama uniformidad del marco jurídico de la actividad de los agentes económicos que en él concurren. Sus objetivos se centran en la apertura de los mercados a las empresas nacionales de los distintos EEMM a través de la publicidad y concurrencia de las adjudicaciones y en el aumento de la competencia entre las empresas oferentes. Son, como vemos, motivos eminentemente económicos que pretenden conseguir el buen funcionamiento del mercado único europeo.

Por el contrario, en la normativa contractual pública española ha predominado la idea de satisfacer los intereses generales de los ciudadanos garantizando una correcta ejecución de determinadas obras, la eficaz prestación de servicios esenciales o el eficiente abastecimiento de productos y servicios del sector público. Y aunque se produzca una cierta coincidencia de las directivas comunitarias con el Derecho nacional en determinados aspectos, algunas de nuestras bases constitucionales no encuentran reflejo alguno en el Derecho europeo. A la Unión Europea le preocupa la publicidad y el modo de adjudicación del contrato en tanto influyen en un mercado abierto para todas las empresas europeas. En la contratación pública española, el interés público trasciende de las fases de preparación y de selección del contratista y se extiende en el caso de los contratos administrativos a toda la ejecución y a la extinción del contrato, manifestándose de forma concreta en las clásicas prerrogativas atribuidas legalmente a la Administración. Las directivas europeas se ocupan en cambio de los contratos que excedan o igualen determinadas cuantías económicas o umbrales, mientras que la regulación española se aplica a los contratos celebrados por el sector público cualquiera que sea su cuantía.

Por ello, nuestra normativa contractual interna pretendiendo garantizar los mandatos constitucionales que se proyectan sobre la contratación pública, debería ir más allá de lo establecido en el Derecho de la Unión Europea (UE) incluyendo una regulación completa y exhaustiva no solo de la fase de preparación y adjudicación de los contratos, sino de todo lo relacionado con la ejecución y extinción, si se trata de contratos administrativos, afectando dicha regulación a todos los contratos del sector público, sea cual sea la cuantía económica.

2. Origen y evolución del Derecho europeo de contratación pública

Una de las cuestiones cruciales que se han planteado en el marco de la UE en materia de contratación pública ha sido la determinación de los sujetos contratantes a los que aplicar la normativa europea (ámbito subjetivo de aplicación de las directivas europeas), debido a que cada vez con más frecuencia las Administraciones Públicas confían actividades de carácter público a entidades separadas de la organización administrativa clásica: entidades públicas empresariales, sociedades mercantiles, fundaciones públicas y otras entidades del sector público sometidas al Derecho privado.

Las primeras directivas aprobadas en el seno de la UE datan del año 1971 y en su ámbito subjetivo de aplicación consideraban entes contratantes (poderes adjudicadores) al Estado, a las colectividades territoriales y a las personas jurídicas de Derecho público enumeradas en sus anexos. La noción de «persona jurídica de derecho público» se prestó a algunas confusiones, pues podía interpretarse como referida exclusivamente a las personificaciones públicas sometidas al Derecho público, pero también a las personificaciones públicas sometidas al Derecho privado, excluyendo, por supuesto, a las personas jurídicas de Derecho privado a pesar de que realizaran actividades de carácter público (sociedades mercantiles y fundaciones públicas). Estas dudas de interpretación quedaron aclaradas con la STJUE de 20 de septiembre de 1988 en el asunto *Beentjes-Países Bajos*, en la que el tribunal europeo enjuiciaba la contratación realizada por una Comisión local belga sin personalidad jurídica propia (no se podía considerar como Estado, ni como colectividad territorial ni tampoco como persona jurídica de Derecho público). La respuesta en sus consideraciones fue contundente al señalar que cuando un organismo o entidad cuyos miembros son designados por autoridades del Estado o de una colectividad territorial, está encargado de una actividad comprendida en las competencias normales de estos, y dotado para ello de los medios que le permiten cumplirla, se le calificará como poder adjudicador. El abogado general especificaba claramente en las conclusiones que el fenómeno de la desmembración de las Administraciones Públicas de su organización administrativa clásica no puede impedir la extensión de la normativa europea de contratos públicos a aquellas unidades desmembradas de la organización administrativa tradicional que sigan ejerciendo auténticas actividades públicas. Este carácter funcional de poder público permite extender la aplicación de las primeras directivas a entes instrumentales en forma privada cuando ejerzan actividades administrativas y públicas.

Esta doctrina jurisprudencial, acogida de forma rápida en la Directiva 89/440, de 18 de julio de 1989, sobre coordinación de los procedimientos en los contratos de obras, dota de un nuevo alcance al ámbito subjetivo de aplicación de las directivas sobre contratación pública al considerar poderes adjudicadores, además de al Estado, a las autoridades regionales y locales, a los «organismos de derecho público», siempre que cumplan con los siguientes requisitos: *a*) que hayan sido creados para satisfacer específicamente necesidades de interés general que no tengan carácter mercantil o industrial; *b*) estén dotados de personalidad jurídica propia; y *c*) cuya actividad esté mayoritariamente financiada, organizada y controlada por el Estado, los entes territoriales u otros organismos de Derecho Público. Este nuevo concepto: «organismo de Derecho Público», es detallado minuciosamente para evitar escapes injustificados por parte de los EEMM.

Este amplio ámbito subjetivo de aplicación lo reprodujeron literalmente las directivas sobre contratación pública de 1992 y 1993 (obras, servicios y suministros), y pasó a incorporarse al ámbito subjetivo de aplicación de la Directiva 2004/18/CE, y hoy encuentra plena acogida en las Directivas en vigor de 2014: la Directiva 2014/23, de 26 de febrero, relativa a la adjudicación del contrato de concesión; la Directiva 2014/24, de 26 de febrero, sobre los contratos de obra, suministro y servicios, y la Directiva 2014/25, de 26 de febrero, relativa a la contratación por entidades que operan en los sectores del agua, la energía, los transportes y los servicios postales.

Estas directivas europeas en materia de contratación del sector público se ven acompañadas en su ámbito de aplicación de la Directiva 89/665, de 21 de diciembre de 1989 (denominada Directiva de recursos), relativa a la coordinación de los procedimientos sobre el control de la actuación contractual pública (modificada posteriormente por la Directiva 2007/66/CE, de 11 de diciembre).

Las citadas Directivas de 2014 vuelven a considerar poderes o entidades adjudicadoras al Estado, a las autoridades regionales y locales y a los «organismos de derecho público» siempre que hayan sido creados para satisfacer específicamente necesidades de interés general que no tengan carácter mercantil o industrial; estén dotados de personalidad jurídica propia; y su actividad se encuentre mayoritariamente financiada, organizada o controlada por el Estado, los entes territoriales u otros organismos de Derecho Público.

El TJUE considera necesidades de interés general que no tienen carácter mercantil o industrial a aquellas actividades que no se satisfacen mediante la oferta de bienes y servicios en régimen de mercado, es decir, que no se ejercen con competencia, y en las que el Estado quiere conservar una influencia dominante y determinante respecto de las mismas.

Se aprecia, por tanto, la existencia de una necesidad de interés general cuando concurran determinados elementos jurídicos y fácticos, como:

1.º Las circunstancias que hayan rodeado la creación del organismo;

2.º Las condiciones en las que ejerce su actividad, tales como la falta de competencia en el mercado; la falta de ánimo de lucro; la eventual financiación pública; la no asunción de los riesgos derivados de dicha actividad, etc.

Si el ente, organismo o entidad opera en condiciones normales de mercado, tiene ánimo de lucro y soporta las pérdidas económicas de su ejercicio, su actividad tendrá carácter industrial o mercantil.

Para el TJUE el concepto de «organismo de derecho público» no se identifica con el concepto nacional de Administración Pública ni con el de entidad de derecho público, sino que es mucho más extenso y amplio.

Como vemos el TJUE no tiene en cuenta la forma organizativa del organismo o entidad e interpreta los conceptos de poder adjudicador y de organismo de derecho público en un sentido funcional desprovisto de consideraciones subjetivas. Lo relevante es que se trate de entes, organismos o entidades que satisfagan necesidades de interés general y que tengan dependencia financiera y directiva del poder público, prescindiendo de la forma jurídica.

Analizado el ámbito subjetivo de aplicación de las directivas europeas sobre contratación pública y constatada la inclusión de personificaciones privadas que realicen actividades de interés general, vamos a aproximarnos a nuestro ámbito jurídico interno que queda obligado a respetar las disposiciones normativas de las Directivas de la UE cuando el contrato supere los umbrales económicos previstos en su ámbito de aplicación.

3. Derecho interno en vigor. Evolución normativa

Para satisfacer de forma objetiva los intereses generales que la Constitución encomienda a la Administración Pública (art. 103 CE), el ordenamiento jurídico le atribuye la facultad de celebrar contratos, negocios jurídicos similares a los celebrados entre sujetos de Derecho privado, en los que una de las partes es una Administración Pública u otro ente, organismo o entidad del sector público. En ellos se podrá incluir cualesquiera pactos, cláusulas y condiciones, siempre que no sean contrarios al interés público, al ordenamiento jurídico y a los principios de buena administración.

Ahora bien, como la Administración no actúa en función del principio de autonomía de la voluntad (art. 1.255 CC), sino vinculada al principio de legalidad (art. 9.3 CE), esa libertad de pactos ha de quedar enmarcada en el contenido normativo de la Ley 9/2017, de 8 de noviembre, de Contratos del Sector Público, por la que se transponen al ordenamiento jurídico español las Directivas del Parlamento Europeo y del Consejo 2014/23/UE y 2014/24/UE, de 26 de febrero de 2014 (en adelante, LCSP) que es el marco jurídico donde ha de desenvolverse su contratación. Sin olvidar que, sea cual sea la forma de organización y, por tanto, de personificación de la Administración, su contratación ha de estar presidida por una serie de principios que impone la Constitución y el ordenamiento jurídico europeo con la finalidad de garantizar la transparencia y lograr la objetividad y el respeto a los principios de igualdad, no discriminación y libre concurrencia (MORENO MOLINA, J. A.). Principios todos ellos que vertebran el quehacer contractual de todo el sector público (Comunicación interpretativa de la Comisión 2006/C 179/02). Por ello, la interpretación de los preceptos de la LCSP no puede suponer escape o disminución de esos principios y garantías. El gasto público que genera la contratación del sector público ha de responder a criterios de buena administración (economía y eficiencia) ordenados al servicio objetivo de los intereses generales.

Así lo señalan los considerandos de las Directivas europeas sobre contratación pública al especificar que «la adjudicación de contratos celebrados en los EEMM por cuenta de autoridades estatales, regionales o locales y otros organismos de derecho público está supeditada al acatamiento de los principios del Tratado de Funcionamiento de la Unión Europea (TFUE), en particular, los principios de libre circulación de mercancías, libertad de establecimiento y libre prestación de servicios, así como los principios que derivan de estas libertades, como el principio de igualdad de trato y no discriminación, reconocimiento mutuo, proporcionalidad y transparencia. No obstante, para la adjudicación de contratos por importes superiores a una determinada cantidad (umbrales económicos que contemplan las Directivas en vigor), se han aprobado disposiciones de coordinación de los procedimientos nacionales de adjudicación con la finalidad de abrir a la competencia la contratación pública, y dichas disposiciones de coordinación han de interpretarse con arreglo a las normas y principios antes mencionados y a las demás normas del TFUE».

En España, los procedimientos públicos de selección de contratistas se regulan por primera vez con carácter general en 1852 a través del Real Decreto de Bravo Murillo, de 27 de febrero, que obligó a la Administración a someter su contratación a rigurosos procedimientos de selección de contratistas. Posteriormente, la Ley de Administración y Contabilidad de 1 de julio de 1911 fue la norma encargada de incorporar en su articulado la materia contractual pública, hasta su específica regulación por Ley de Bases de Contratación del Estado de 1963, articulada en 1965 por Decreto Legislativo 923/1965, de 8 de abril, como Ley de Contratos del Estado (LCE). Que tuvo un inicial desarrollo reglamentario mediante el Reglamento de Contratos del Estado de 1967 (RCE), modificado posteriormente como consecuencia de la reforma aprobada en la Ley de Contratos del Estado en 1973.

En 1995, bajo la obligación de adaptar el ámbito de la contratación pública española a los requisitos impuestos por el Derecho europeo, se aprobó la Ley 13/1995, de 18 de mayo, de Contratos de las Administraciones Públicas (LCAP). Posteriormente integrada en el Texto Refundido de la Ley de Contratos de las Administraciones Públicas, aprobado por Real Decreto Legislativo 2/2000, de 16 de junio (TRLCAP), cuyo desarrollo reglamentario se hizo mediante el Real Decreto 1.098/2001, de 12 de octubre, por el que se aprueba el Reglamento General de la Ley de Contratos de las Administraciones Públicas (RGLCAP).

En la aplicación de esta normativa (desde 1995 a 2010) nuestro país sufrió varias condenas del TJUE (SSTJUE de 15 de mayo y 16 de octubre de 2003; 13 de enero de 2005; 3 de abril de 2008, entre otras) que obligaron al legislador español a introducir modificaciones en la normativa contractual pública para ajustarla correctamente al contenido del Derecho europeo, en particular a las disposiciones de Directiva europea 2004/18/CE, de 31 de marzo de 2004, sobre coordinación de los procedimientos de adjudicación de los contratos de obra, suministro y servicios, que obligó a nuestro país a reformar el marco normativo contractual público mediante la Ley 30/2007, de 30 de octubre, de Contratos del Sector Público, modificada a su vez por múltiples reformas. Entre otras, por Ley 34/2010, de 5 de agosto, que incorpora la Directiva 2007/66/CE, de 11 de diciembre, sobre recursos en materia de contratación; por Ley 2/2011, de 4 de marzo, de Economía Sostenible; por la Ley 24/2011, de 1 de agosto, de contratos del sector público en los ámbitos de la defensa y la seguridad; y por Ley 26/2011, de 1 de agosto, de adaptación normativa a la Convención Internacional sobre Derechos de las Personas con Discapacidad.

Esta dispersión y complejidad normativa obligaron de nuevo al legislador español a integrar todas las disposiciones en materia de contratación del sector público en un único texto normativo, el Real Decreto Legislativo 3/2011, de 14 de noviembre, por el que se aprueba el Texto Refundido de la Ley de Contratos del Sector Público (TRLCSP), acompañado en su aplicación por el RGLCAP y por el Real Decreto 817/2009, de 8 de mayo, siempre que sus disposiciones no fuesen contrarias a los preceptos del TRLCSP.

La regulación de la contratación de los sectores del agua, transporte, energía y servicios postales, cuando quien contrata no es una Administración Pública sino otra entidad u organismo del sector público o una empresa privada que goce de derechos especiales o exclusivos otorgados por los poderes públicos, quedó incluida en la Ley 31/2007, de 30 de octubre, que incorpora al ordenamiento jurídico español la Directiva europea 2004/17/CE, de 31 de marzo de 2004, sobre los procedimientos de contratación de estos sectores específicos.

En la actualidad, con la aprobación de las Directivas de 2014 (2014/23/UE; 2014/24/UE; y 2014/25/UE), finaliza un proceso iniciado en el seno de la UE en el año 2010 mediante la *Estrategia Europa 2020* que atribuye a la contratación pública un papel clave para conseguir un crecimiento económico integrador, garantizando al mismo tiempo un uso más racional de los fondos públicos.

Las directivas de 2014 sustituyeron a la Directiva 2004/18/CE, sobre coordinación de los procedimientos de adjudicación de los contratos públicos de obra, suministro y servicios, y a la Directiva 2004/17/CE sobre la coordinación de los procedimientos de adjudicación de contratos en los sectores del agua, energía, transportes y servicios postales, que habían sido incorporadas al ordenamiento jurídico español a través de las Leyes 30 y 31/2007, de 30 de octubre.

Por último, la Ley 9/2017, de 8 de noviembre, de Contratos del Sector Público (LCSP), normativa en vigor, incorpora al ordenamiento jurídico español las Directivas 2014/23/UE y 2014/24/UE, de 26 de febrero de 2014, relativas al contrato de concesión (Directiva 2014/23/UE), y a los contratos de obra, suministro y servicios (Directiva 2014/24/UE). Dejando la transposición de la Directiva 2014/25/UE, de 26 de febrero, sobre la contratación por entidades que operan en los sectores del agua, energía, transportes y servicios postales, a una normativa posterior que ha sido aprobada mediante Real Decreto-ley 3/2020, de 4 de febrero, que asimismo incorpora al ordenamiento jurídico español la parte de la Directiva 2014/23/UE que resulte de aplicación a los sectores citados.

4. Reparto de competencias entre el Estado y las Comunidades Autónomas en materia de contratación pública

El artículo 149.1.18.ª CE es uno de los preceptos constitucionales que incide directamente sobre la regulación de los contratos públicos al atribuir al Estado la competencia exclusiva sobre las bases del régimen jurídico de las Administraciones Públicas y la legislación básica sobre contratos y concesiones administrativas. La atribución al ámbito estatal de las bases del régimen jurídico de las Administraciones Públicas, junto a la legislación básica sobre contratos y concesiones administrativas, impide interpretar que esta competencia se refiera únicamente a los contratos administrativos, pues la actividad contractual de la Administración sometida al Derecho privado forma parte y está integrada en el régimen jurídico de las Administraciones Públicas, además de que, en materia civil, el apartado 8.º del artículo 149.1 CE asigna también al Estado las bases sobre las obligaciones contractuales.

Este reparto competencial tiene como finalidad garantizar un mínimo de unidad en lo que al Derecho Administrativo se refiere, es decir, un común denominador normativo que garantice a los ciudadanos un tratamiento similar ante las distintas Administraciones. Por lo que, en materia de contratación pública, corresponde al Estado regular las condiciones básicas de la actividad contractual de todas las Administraciones Públicas, a fin de garantizar un tratamiento común, cuyo principal objetivo es garantizar una posición de igualdad de los ciudadanos y los agentes económicos en todo el territorio nacional.

Como señalan los profesores Gimeno Feliú y Moreno Molina, la normativa básica estatal en materia de contratación pública pone de manifiesto la concurrencia de dos factores determinantes: 1.º la necesidad de asegurar la igualdad de condiciones ante la contratación pública y, 2.º propiciar la unidad de mercado como manifestación del principio de unidad económica, salvaguardando la libre competencia económica.

La LCSP constituye la legislación básica estatal sobre contratos públicos dictada al amparo del artículo 149.1.18.ª CE y, en consecuencia, es de aplicación general para todos los entes, organismos y entidades del sector público comprendidos en su ámbito subjetivo de aplicación (art. 3). Su aplicación a los contratos celebrados por las Comunidades Autónomas (en adelante, CCAA) y las entidades que integran la Administración Local (en adelante, EELL), o por los organismos dependientes de las mismas, así como los contratos subvencionados por cualquiera de estas entidades, se efectuará en los términos previstos en la disposición final primera LCSP que especifica los artículos que son de aplicación general y los que constituyen legislación básica.

Las CCAA han asumido el desarrollo legislativo y la ejecución de la legislación básica del Estado en materia de contratos y concesiones administrativas en el ámbito de sus competencias. Los Estatutos de Autonomía les atribuyen el desarrollo normativo de las bases estatales sobre el régimen jurídico de las Administraciones Públicas derivado de las especialidades de la organización propia de cada Comunidad Autónoma, y la estructura y regulación de los órganos administrativos públicos.

Por su parte, las EELL quedan sujetas a la legislación básica estatal sobre contratación pública así como a la normativa de desarrollo normativo que sobre esta materia haya aprobado la Comunidad Autónoma correspondiente. No obstante, las disposiciones adicionales segunda y tercera de la LCSP establecen algunas normas específicas para la contratación de las entidades locales.

Se configura así la LCSP como la norma de cabecera que incluye los principios generales que vertebran la contratación del sector público, que deberá justificar la necesidad pública a cubrir por el contrato, asegurando la objetividad y la concurrencia en la adjudicación a través de una adecuada publicidad y de la utilización de criterios previamente conocidos en los que se estipulen las condiciones necesarias sobre las que el órgano competente apoyará su decisión.

La STC de 18 de marzo de 2021, al resolver un recurso de inconstitucionalidad interpuesto por el Gobierno de Aragón, enjuicia determinados aspectos formales de delimitación de competencias entre la legislación básica estatal en materia de contratación pública y la potestad de organización interna de las CCAA. Para ello analiza el TC si la competencia estatal para dictar las bases en materia de contratación pública, al amparo del artículo 149.1.18.ª CE, se ha ejercido, como aduce el Gobierno aragonés, en perjuicio de las competencias autonómicas de desarrollo normativo y ejecución o de su potestad de autoorganización. Y aplicando su doctrina sobre legislación básica en materia de contratación pública y la relacionada con la potestad autonómica de autoorganización, declara inconstitucionales determinados preceptos de la LCSP por haber invadido las competencias autonómicas de autoorganización.

5. Finalidades que persigue la normativa contractual pública. Ámbito objetivo de aplicación de la LCSP

La finalidad prevista en la normativa contractual pública de la UE es velar para que los operadores económicos se beneficien plenamente de las libertades fundamentales del TFUE (libre circulación de mercancías y capitales, derecho de establecimiento, libertad de ejercicio profesional) incluyendo una serie de objetivos sociales relativos a la integración, la protección medioambiental, la inserción laboral de colectivos desfavorecidos, la igualdad y no discriminación por razón de sexo, etc. Para reforzar estos objetivos el 27 de enero de 2011 la UE publicó *el Libro Verde sobre la modernización de la contratación pública, hacia un mercado europeo más eficiente*, que mediante un proceso de consultas abierto posibilitó la presentación por parte de la Comisión de las propuestas de nuevas directivas, que fueron el origen de las actuales Directivas en vigor. Las finalidades fundamentales que persiguen las Directivas de 2014, entre otras, son:

— Flexibilizar los procedimientos contractuales poniendo a disposición de los poderes adjudicadores algunas técnicas o herramientas de contratación no previstas en la Directiva de 2004, para lo que introducen un nuevo procedimiento denominado «asociación para la innovación» que pretende cubrir la necesidad de los poderes adjudicadores de adquirir productos y servicios innovadores dentro de los niveles de prestaciones y de costes acordados.

— Permitir las consultas preliminares con los agentes económicos aceptando asesoramiento.

— Potenciar el acceso de las PYMES a la contratación pública rebajando las exigencias del volumen de negocios.

— Implantar un documento europeo único de contratación pública para acreditar el cumplimiento de determinados requisitos sobre capacidad y solvencia del contratista.

— La designación por parte de los EEMM de una única autoridad nacional de supervisión encargada de examinar el texto de los contratos a fin de detectar pautas sospechosas, asistir al órgano de contratación en la preparación y desarrollo de los procedimientos de contratación pública, y velar por el cumplimiento y aplicación de la normativa europea.

Algunos de estos y finalidades han quedado plasmados en el ordenamiento jurídico español en el artículo 1.1 de la nueva LCSP donde se señala que la LCSP persigue fundamentalmente: *a*) someter todos los contratos del sector público al cumplimiento de los principios de publicidad, concurrencia, igualdad y no discriminación, transparencia y confidencialidad; *b*) asegurar, en conexión con el objetivo de estabilidad presupuestaria y control del gasto y el principio de integridad, una eficiente utilización de los fondos destinados a la realización de obras, la adquisición de bienes y la contratación de servicios mediante la exigencia de la definición previa de las necesidades a satisfacer, y *c*) salvaguardar la libre competencia y la selección de la oferta económicamente más ventajosa. Añadiendo su apartado tercero que «en toda contratación pública se incorporarán de manera transversal y preceptiva criterios sociales y medioambientales siempre que guarden relación con el objeto del contrato, en la convicción de que su inclusión proporciona una mejor relación calidad-precio en la prestación contractual, así como una mayor y mejor eficiencia en la utilización de los fondos públicos. Igualmente se facilitará el acceso a la contratación pública de las pequeñas y medianas empresas, así como de las empresas de economía social».

Tal como señala GIMENO FELIÚ el artículo 1.3 LCSP supone una clara «innovación» sobre la comprensión práctica de la contratación pública, renunciando a una filosofía burocrática formal y excesivamente economicista para incorporar, de forma preceptiva, una visión estratégica de la contratación pública, al incluir referencias expresas al valor social y ambiental y la protección de las PYMES. Se abandona así una visión presupuestaria de la contratación pública adoptando una perspectiva instrumental de implementación de políticas públicas. En especial, la LCSP a través de su articulado refuerza la posición de los trabajadores en la ejecución del contrato al establecer obligaciones esenciales relativas a la calidad de las condiciones de empleo y de retribución, cuyo incumplimiento puede justificar la resolución del contrato. Pretendiendo con ello eliminar la posibilidad de *dumping* social mediante la precarización de condiciones laborales al establecer la obligación de respetar los convenios sectoriales.

En relación al ámbito objetivo de aplicación, el artículo 2 LCSP sujeta, en la forma y en los términos previstos en su articulado, a los contratos onerosos del sector público, cualquiera que sea su naturaleza jurídica, que celebren las entidades del sector público español enumeradas en el artículo 3. Se entiende que un contrato tiene carácter oneroso en los casos en que el contratista obtenga algún tipo de beneficio económico, ya sea de forma directa o indirecta.

También regula la LCSP el régimen jurídico aplicable a todas las fases contractuales de los contratos administrativos, en atención a los fines institucionales de carácter público que a través de los mismos se tratan de realizar. Y de los contratos subvencionados por entidades que tengan la consideración de poderes adjudicadores que celebren otras personas físicas o jurídicas en los supuestos previstos en el artículo 23 LCSP, relativo a los contratos subvencionados sujetos a regulación armonizada.

La aplicación de la LCSP a los contratos que celebren las Comunidades Autónomas y las entidades que integran la Administración Local, o los organismos dependientes de las mismas, así como a los contratos subvencionados por cualquiera de estas entidades, se efectuará en los términos previstos en la disposición final primera que contiene los distintos títulos competenciales.

Quedan excluidos del ámbito objetivo de aplicación de la LCSP las relaciones, negocios o contratos que especifican los artículos 4 a 11, entre otros:

— Las relaciones de la Administración u otros entes públicos con los funcionarios públicos, por tener naturaleza estatutaria.

— Las relaciones del sector público con el personal laboral, que se regirán por el Estatuto de los Trabajadores.

— La prestación de servicios públicos por la propia Administración a los usuarios pagados mediante tasa, tarifa, o precio público.

— Los convenios de colaboración, interadministrativos o con particulares, siempre que por su objeto o naturaleza no constituyan verdaderos contratos del sector público.

— Los acuerdos y tratados internacionales.

— Los contratos de compraventa, donación, permuta, arrendamiento y demás negocios jurídicos análogos sobre bienes inmuebles, valores negociables y propiedades incorporales que se regirán por la legislación de patrimonio de las Administraciones Públicas.

— Las encomiendas de gestión que realice una Administración o un ente del sector público a favor de entidades y sociedades que tengan atribuida la condición de medio propio y servicio técnico de la entidad encomendante, siempre que su capital sea en su totalidad de titularidad pública, la Administración encomendante ostente sobre la entidad encomendada un control análogo al que ejerce sobre sus propios servicios, y tales entidades realicen la parte esencial de su actividad para la Administración que las controla (*in house providing*).

Los contratos, negocios y relaciones jurídicas excluidas del ámbito de aplicación de la LCSP se regirán por sus normas específicas, y en el caso de laguna o de resolver las dudas que puedan presentarse se aplicarán los principios que presiden la contratación del sector público.

6. Sujetos o partes del contrato del sector público

Dos son los sujetos de la relación pública contractual: los entes, organismos y entidades del sector público que contratan, denominados entes contratantes, y el contratista o empresa al que se adjudica el contrato (persona física o jurídica).

En cuanto a los entes contratantes, la LCSP contempla tres categorías: los considerados legalmente como Administraciones Públicas, los poderes adjudicadores no considerados Administraciones Públicas y los demás entes, organismos o entidades del sector público que no tienen la consideración legal de Administraciones Públicas ni de poderes adjudicadores. Considera la LCSP contratistas a las personas naturales o físicas y a las empresas o personas jurídicas que contratan con las Administraciones Públicas, con los poderes adjudicadores o con los demás entes, organismos o entidades del sector público que no son Administraciones Públicas ni poderes adjudicadores.

6.1. *Entes Públicos Contratantes*

A) Ámbito subjetivo de aplicación de la LCSP

Hasta la aprobación de la Ley 30/2007 el modelo de regulación contractual público se construyó únicamente alrededor del contrato celebrado por las Administraciones Públicas, situando a los contratos celebrados por entidades distintas de las Administraciones Públicas en un ámbito caracterizado por la indeterminación, sobre todo, en el caso de contratos no sujetos a las directivas europeas que quedaban sometidos exclusivamente a los principios de publicidad y concurrencia, siempre que la naturaleza de su actividad se lo permitiese.

La Ley 30/2007 y el TRLCSP de 2011 introducen modificaciones en la delimitación de los entes públicos que conforman el sector público español, con el fin de ajustar el ámbito subjetivo de aplicación al exigido por el Derecho europeo, eliminando la posibilidad de que las entidades del sector público puedan quedar exentas de regulación contractual (exposición de motivos).

En la actualidad, la LCSP sigue contemplando tres categorías de entes contratantes a los que somete a diferentes niveles de aplicación. El artículo 3, apartado 1.º enumera los entes que conforman el sector público y quedan sometidos a sus disposiciones; el apartado 2.º concreta los entes que tienen la consideración de Administración Pública; y el apartado 3.º configura el concepto de poder adjudicador. Esta delimitación subjetiva implica a su vez un distinto sometimiento o nivel de aplicación de la LCSP: máximo o total para los entes considerados Administraciones Públicas (art. 3.2); un nivel parcial para los entes, organismos o entidades considerados poderes adjudicadores (art. 3.3); y un nivel más flexible para los demás entes, organismos y entidades del sector público que sin ser considerados Administraciones Públicas ni poderes adjudicadores conforman el sector público español (arts. 321 y 322 LCSP).

A los efectos de la LCSP tienen la consideración de *Administraciones Públicas* las siguientes entidades:

— La Administración General del Estado, las Administraciones de las Comunidades Autónomas, las Ciudades Autónomas de Ceuta y Melilla y las Entidades que integran la Administración Local.

— Las entidades gestoras y los servicios comunes de la Seguridad Social.

— Los Organismos Autónomos, las Universidades Públicas y las autoridades administrativas independientes.

— Las Diputaciones Forales y las Juntas Generales de los Territorios Históricos del País Vasco en lo que respecta a su actividad de Contratación.

— Los consorcios y otras entidades de derecho público que puedan ser considerados como poderes adjudicadores, vinculados o dependientes a una o varias Administraciones Públicas y que no se financien mayoritariamente con ingresos de mercado. Se entiende que se financian mayoritariamente con ingresos de mercado cuando tengan la consideración de productor de mercado de conformidad con el Sistema Europeo de Cuentas (art. 3.2 LCSP).

— Los órganos competentes del Congreso de los Diputados, del Senado, del Consejo General del Poder Judicial, del Tribunal Constitucional, del Tribunal de Cuentas, del Defensor del Pueblo, de las Asambleas Legislativas de las Comunidades Autónomas y de las instituciones análogas al Tribunal de Cuentas y al Defensor del Pueblo ajustarán su contratación a las normas establecidas en esta Ley para las Administraciones Públicas (disp. adic. 46.ª LCSP).

Considera el artículo 3.3 LCSP *poderes adjudicadores* a las siguientes entidades:

a) Las Administraciones Públicas.

b) Las fundaciones públicas.

c) Las Mutuas colaboradoras con la Seguridad Social.

d) Todas las demás entidades con personalidad jurídica propia distintas de las expresadas en las letras anteriores que hayan sido creadas específicamente para satisfacer necesidades de interés general que no tengan carácter industrial o mercantil, siempre que uno o varios sujetos que deban considerarse poder adjudicador de acuerdo con los criterios de este apartado 3, bien financien mayoritariamente su actividad; bien controlen su gestión; o bien nombren a más de la mitad de los miembros de su órgano de administración, dirección o vigilancia.

e) Las asociaciones constituidas por las entidades mencionadas en las letras anteriores.

Se entiende por fundaciones públicas aquellas que reúnan alguno de los siguientes requisitos:

1.º Que se constituyan de forma inicial, con una aportación mayoritaria, directa o indirecta, de una o varias entidades integradas en el sector público, o bien reciban dicha aportación con posterioridad a su constitución.

2.º Que el patrimonio de la fundación esté integrado en más de un 50 por 100 por bienes o derechos aportados o cedidos por sujetos integrantes del sector público con carácter permanente.

3.º Que la mayoría de derechos de voto en su patronato corresponda a representantes del sector público.

Los demás entes del sector público creados específicamente para satisfacer necesidades de interés general que tengan carácter mercantil o industrial, financiados mayoritariamente, controlados u organizados por una Administración Pública o por un ente público no tendrán la consideración de Administraciones Públicas ni de poderes adjudicadores (arts. 321 y 322 LCSP).

Esta delimitación legal, dependiendo del objeto o tipo de actividad que lleve a cabo el ente, organismo o entidad del sector público, nos obliga a concretar qué necesidades de interés general pueden tener carácter mercantil o industrial. La jurisprudencia del TJUE aunque no ha elaborado un concepto acabado de las necesidades que tienen carácter industrial o mercantil sí ha establecido algunos criterios o pautas en su delimitación. Uno de ellos es analizar la vinculación de la actividad con el ejercicio de potestades públicas, que impliquen ejercicio de autoridad. Otro, la posibilidad de compensar las pérdidas económicas de la actividad. Y un tercero, que la actividad se ejerza en régimen de libre competencia económica o que el ente fije los precios que regirán en su actividad.

Se consideran necesidades de interés general que no tengan carácter industrial o mercantil por parte de la jurisprudencia del TJUE, aquellas actividades que no se satisfacen mediante la oferta de bienes y servicios en régimen de mercado, es decir, aquellas actividades que son mayoritariamente financiadas por el Estado, en las que el Estado desea conservar una influencia dominante. Una entidad del sector público estará financiada mayoritariamente por el Estado u otro ente público no solo cuando cuente con transferencias presupuestarias, sino también cuando la mayoría de sus recursos procedan de algún canon o exacción pública establecida por un acto legislativo (STJUE de 13 de diciembre de 2007 *Bayerischer Rundfunk y otros*).

En relación al nivel de aplicación de la LCSP, solo a los contratos administrativos celebrados por las Administraciones Públicas se les aplican íntegramente sus disposiciones. A los contratos celebrados por poderes adjudicadores que no son Administración Pública se les aplican parcialmente (preparación y adjudicación de los contratos si se trata de contratos sujetos a regulación armonizada, y alguna de las disposiciones relativas a la ejecución y extinción). Por último, a los contratos celebrados por los demás entes, organismos y entidades del sector público, no considerados Administración Pública ni poderes adjudicadores, se les aplica de forma más flexible el contenido de la LCSP (disposiciones generales y determinadas normas sobre la preparación y adjudicación del contrato).

En el ámbito subjetivo de aplicación el artículo 3 LCSP incluye dos nuevos apartados (art. 3.4 y 3.5 LCSP) con la intención de sujetar a los principios esenciales de la contratación pública a los partidos políticos, las organizaciones empresariales y sindicales y a las corporaciones de derecho público.

Señala el artículo 3.4 LCSP que los partidos políticos, las organizaciones sindicales y empresariales, las asociaciones profesionales y las fundaciones vinculadas a cualquiera de ellos, cuando cumplan los requisitos para ser considerados poder adjudicador de acuerdo con el artículo 3.3, letra *d*) LCSP y respecto de los contratos sujetos a regulación armonizada, deberán actuar conforme a los principios de publicidad, concurrencia, transparencia, igualdad y no discriminación sin perjuicio del respeto a la autonomía de la voluntad y de la confidencialidad cuando sea procedente.

Para ello deberán aprobar unas instrucciones internas en materia de contratación que se adecuarán a lo previsto en la normativa comunitaria, y serán informadas antes de su aprobación por el órgano al que corresponda el asesoramiento jurídico. Estas instrucciones deberán publicarse en sus respectivas páginas web.

Por último, el artículo 3.5 LCSP sujeta a las Corporaciones de derecho público a su ámbito subjetivo de aplicación cuando cumplan los requisitos para ser consideradas poderes adjudicadores de acuerdo con el apartado tercero, letra *d*) del artículo 3.3 LCSP.

B) Órgano competente para celebrar los contratos públicos: Órgano de contratación (arts. 61 y 323 LCSP)

Junto al ente contratante debemos hacer una especial consideración sobre el órgano en el que recae la facultad de celebrar los contratos del sector público. La competencia para contratar corresponde al órgano de contratación que la tenga atribuida en virtud de norma legal, reglamentaria o de disposición estatutaria. En el caso de la Administración General del Estado, la competencia corresponde a los ministros y secretarios de Estado y a los presidentes o directores de organismos autónomos, agencias y demás entidades instrumentales estatales. No obstante, cuando el presupuesto del contrato supere una determinada cuantía o tenga carácter plurianual, requerirá autorización del Consejo de Ministros.

En la Administración Local, la competencia corresponde en general al alcalde o presidente de Diputación, salvo para los contratos que superen el 10 por 100 del presupuesto o seis millones de euros que corresponderá al Pleno, y en los municipios de gran población la competencia para contratar corresponde a la Junta de Gobierno Local (disp. adic. 2.ª LCSP). En las CCAA, serán sus propias leyes de Gobierno y Administración las que atribuyan la competencia para contratar, o en el desarrollo normativo de las bases estatales sobre contratación pública.

La competencia del órgano de contratación podrá ser delegada o desconcentrada con las formalidades aplicables en cada caso si se trata de órganos administrativos, y mediante el otorgamiento de poderes si se trata de sociedades o de fundaciones.

Distinta de la figura del órgano de contratación, como órgano capaz de decidir y obligarse en nombre de la institución, la LCSP contempla la figura del responsable del contrato a quien corresponde supervisar su ejecución y dictar las instrucciones necesarias con el fin de asegurar la correcta realización de la prestación pactada, dentro de las facultades que el órgano de contratación le haya atribuido. El responsable del contrato puede ser una persona física o jurídica, vinculada al ente, organismo o entidad contratante o ajena a él. En los contratos de obras, las facultades del responsable del contrato serán ejercidas por el director facultativo de la obra.

En los casos de concesiones de obra pública y de concesiones de servicios, la Administración designará una persona que actúe en defensa del interés general, para obtener y para verificar el cumplimiento de las obligaciones del concesionario, especialmente en lo que se refiere a la calidad en la prestación del servicio o de la obra (art. 62 LCSP).

No queda claro en la LCSP si el responsable del contrato lo será para cada uno de los contratos celebrados o para un número indeterminado de ellos. Tampoco se especifica cómo deberá formalizarse su nombramiento o designación.

Para valorar las ofertas de los contratistas en los procedimientos abiertos, abierto simplificado, restringido, diálogo competitivo, licitación con negociación y asociación para la innovación, los órganos de contratación de las Administraciones Públicas estarán asistidos por una mesa de contratación. En los procedimientos negociados en que no sea necesario publicar anuncios de licitación, la constitución de la mesa será potestativa para el órgano de contratación. Para asistir al órgano de contratación en los procedimientos de diálogo competitivo o de asociación para la innovación la mesa estará constituida por un Presidente, los vocales que se determinen reglamentariamente, y un Secretario, a la que se incorporarán personas especialmente cualificadas en la materia sobre la que verse el diálogo o la asociación para la innovación, designadas por el órgano de contratación. El número de estas personas será igual o superior a un tercio de los componentes de la mesa y participarán en las deliberaciones con voz y voto. La composición de la mesa se publicará en el perfil de contratante del órgano de contratación correspondiente (art. 324 LCSP).

Aunque la mesa de contratación está prevista con carácter imperativo para los contratos celebrados por las Administraciones Públicas, la mayoría de las demás entidades del sector público se ven asistidas en su contratación por un órgano colegiado, sobre todo en los contratos adjudicados por poderes adjudicadores.

Los órganos de contratación del sector público difundirán la información relativa a su contratación a través de Internet mediante su perfil de contratante, donde se podrá incluir cualesquiera datos e informaciones referentes a la actividad contractual del órgano de contratación, anuncios de información previa, licitaciones abiertas o en curso y la documentación relativa a las mismas, las contrataciones programadas, los contratos adjudicados, los procedimientos anulados y cualquier otra información útil de tipo general. En todo caso, se publicará en el perfil de contratante la adjudicación de los contratos. La publicación de la información relativa a los contratos menores deberá realizarse trimestralmente. La información a publicar para este tipo de contratos será, al menos, su objeto, duración, el importe de adjudicación y la identidad del adjudicatario. La forma de acceso al perfil de contratante deberá especificarse en las páginas web institucionales.

Los perfiles de contratante de los órganos de contratación de todas las entidades del sector público estatal deberán alojarse de manera obligatoria en la Plataforma de Contratación del Sector Público, dependiente de la Dirección General del Patrimonio del Estado del Ministerio de Hacienda que pondrá a disposición de todos los órganos de contratación del sector público dicha Plataforma para permitir la difusión a través de Internet de sus perfiles de contratante. En las páginas web institucionales de estos órganos se incluirá un enlace a su perfil de contratante situado en la Plataforma de Contratación del Sector Público.

Por último, la LCSP prevé también la posibilidad de crear Juntas de Contratación (art. 323.4 LCSP) y Centrales de Contratación (arts. 227 y 228 LCSP) que actuarán como órgano de contratación con la finalidad de organizar de forma más eficaz, ágil y eficiente la contratación pública.

6.2. *El contratista. Aptitud para contratar con el sector público. Capacidad y solvencia económica, financiera, técnica y profesional (arts. 65 a 97 LCSP)*

Solo podrán contratar con el sector público las personas naturales o jurídicas, españolas o extranjeras, que tengan plena capacidad de obrar, no estén incursas en una prohibición de contratar, y acrediten su solvencia económica, financiera y técnica o profesional o, en los casos en que así lo exija la LCSP, se encuentren debidamente clasificadas. Los empresarios deberán contar, asimismo, con la habilitación empresarial o profesional que, en su caso, sea exigible para la realización de la actividad o prestación que contribuya al objeto del contrato.

Las personas jurídicas solo podrán ser adjudicatarias de contratos cuyas prestaciones estén comprendidas dentro de los fines, objeto o ámbito de actividad que, a tenor de sus estatutos o reglas fundacionales, les sean propios.

Cuando, por así determinarlo la normativa aplicable, se le requirieran al contratista determinados requisitos relativos a su organización, destino de sus beneficios, sistema de financiación u otros para poder participar en el correspondiente procedimiento de adjudicación, deberán ser acreditados por el licitador.

El contratista o licitador deberá acreditar ante el órgano de contratación su capacidad de obrar, la solvencia económica, técnica y profesional, no estar incurso en ninguna de las prohibiciones para contratar y estar debidamente clasificado, si así lo requiere legalmente el contrato.

La capacidad de las personas físicas o jurídicas de Estados no pertenecientes a la UE deberá acreditarse mediante informe de la respectiva Misión Diplomática Permanente española en el que se haga constar que el Estado de procedencia de la empresa extranjera admite a su vez la participación de empresas españolas en la contratación con la Administración y con los entes, organismos y entidades del sector público en forma sustancialmente análoga.

Las empresas no españolas de EEMM de la UE tendrán capacidad para contratar cuando se encuentren habilitadas para realizar la prestación de que se trate con arreglo a la legislación del Estado en que estén establecidas. Cuando la legislación del Estado en que se encuentren establecidas estas empresas exija una autorización especial o la pertenencia a una determinada organización para poder prestar el servicio de que se trate, deberán acreditar que cumplen este requisito.

Podrán contratar también con el sector público las uniones temporales de empresas (UTE) sin que sea necesaria su formalización en escritura pública hasta que se haya efectuado la adjudicación del contrato a su favor. Los empresarios que concurran agrupados en uniones temporales quedarán obligados solidariamente y deberán nombrar un representante o apoderado único con poderes bastantes para ejercitar los derechos y cumplir las obligaciones que del contrato se deriven hasta su extinción, sin perjuicio de los poderes mancomunados que puedan otorgar para cobros y pagos de cuantía significativa. La duración de las uniones temporales de empresarios será coincidente con la del contrato hasta su extinción.

No podrán concurrir a los procedimientos de adjudicación las empresas que hubieran participado en la elaboración de las especificaciones técnicas o de los documentos preparatorios del contrato, cuando dicha participación pueda provocar restricciones a la libre concurrencia o suponer un trato privilegiado respecto del resto de las empresas licitadoras.

Los empresarios además de la capacidad de obrar, deberán acreditar estar en posesión de las condiciones mínimas de solvencia económica, financiera, técnica y profesional que se determinen por el órgano de contratación de acuerdo con la LCSP. El contratista podrá acreditar su solvencia mediante medios externos, que pueden ser de otras entidades independientemente de la naturaleza jurídica de los vínculos que tengan entre sí, siempre que demuestren que, para la ejecución del contrato, disponen efectivamente de esos medios. Este requisito podrá ser sustituido por una determinada clasificación cuando se trate de contratos de obra cuyo valor estimado sea igual o superior a 500.000 euros. Las exigencias legales sobre clasificación de empresas son potestativas para los entes del sector público no considerados poderes adjudicadores.

La inscripción del empresario en el Registro Oficial de Licitadores acreditará frente al órgano de contratación su aptitud para contratar, su personalidad, la capacidad de obrar, la solvencia económica, financiera, técnica y profesional, así como la concurrencia o no de prohibiciones para contratar.

La LCSP exige también que el contratista no esté incurso en ninguna de las prohibiciones para contratar señaladas en su artículo 71, que dedica una regulación pormenorizada de las causas o circunstancias que dan lugar a dicha prohibición. Señalando que no podrán contratar con las entidades previstas en el artículo 3 LCSP las personas en las que concurra alguna de esas circunstancias. Las prohibiciones para contratar son causas legales que impiden adjudicar un contrato del sector público a determinadas personas o empresas. La vulneración de alguna de las disposiciones relativas a la capacidad del contratista implica un vicio de nulidad de pleno derecho conforme a lo previsto en el artículo 39 LCSP.

Por último, el artículo 77 LCSP exige que en los contratos de obras cuyo valor estimado sea igual o superior a 500.000 euros será requisito indispensable que el empresario se encuentre debidamente clasificado como contratista de obras. Para dichos contratos, la clasificación del empresario acreditará sus condiciones de solvencia para contratar.

7. Tipos o clases de contratos del sector público. Régimen jurídico al que quedan sometidos

Con la idea de clarificar la tipología de contratos del sector público y aplicar de forma correcta el régimen jurídico al que quedan sometidos es necesario realizar su clasificación teniendo en cuenta tres elementos decisivos que debemos analizar de forma conjunta: *a*) el sujeto contratante; *b*) el objeto contractual; y *c*) la cuantía del contrato.

A) *Según el sujeto contratante*, la LCSP clasifica los contratos del sector público en contratos administrativos y contratos de carácter privado. Tienen carácter administrativo los contratos de obra, concesión de obra pública, concesión de servicios, suministro y servicios, celebrados por una Administración Pública. A los contratos administrativos celebrados por las Administraciones Públicas se les aplica con mayor intensidad el contenido de la LCSP. Así lo señala el artículo 25.2 LCSP al determinar que los contratos administrativos se regirán, en cuanto a su preparación, adjudicación, efectos y extinción, por sus previsiones y disposiciones de desarrollo, supletoriamente por las restantes normas de Derecho administrativo y, en su defecto, por normas de Derecho privado.

También por el sujeto la LCSP contempla la figura del contrato administrativo especial que teniendo un objeto distinto al contrato de obra, concesión de obra, concesión de servicios, suministro o servicios, están vinculados al giro o tráfico específico de la Administración contratante, o satisfacen de forma directa o inmediata una finalidad pública de la específica competencia de aquella. A los contratos administrativos especiales les será de aplicación, en primer término, sus normas específicas.

Los entes contratantes considerados legalmente como Administraciones Públicas pueden celebrar también contratos privados conforme establece el artículo 26.1 LCSP. Los contratos privados celebrados por las Administraciones Públicas, en defecto de normas específicas, quedan sujetos a las previsiones de la LCSP en relación a los actos preparatorios y la adjudicación, remitiendo los efectos y extinción del contrato a las normas de Derecho privado.

Los contratos celebrados por los poderes adjudicadores y por los demás entes, organismos y entidades del sector público que no reúnan la condición de Administración Pública tienen la consideración de contratos privados y les serán de aplicación los artículos 316 a 319 LCSP en cuanto a su preparación y adjudicación, y algunas disposiciones sobre los efectos y extinción, aunque la mayoría de las actividades realizadas en estas fases contractuales quedan fuera de su ámbito de regulación remitiéndolas al Derecho privado. Por tanto, los contratos celebrados por los entes, organismos y entidades del sector público que no tengan la condición de Administración Pública serán considerados a todos los efectos como contratos privados del sector público, aunque queden sujetos a regulación armonizada.

La aplicación de la LCSP a los contratos privados celebrados por poderes adjudicadores no considerados Administración Pública es menos intensa que para los contratos celebrados por las Administraciones Públicas. Los contratos privados celebrados por poderes adjudicadores se regirán por lo dispuesto en el Título I del Libro Tercero de la LCSP en cuanto a su preparación y adjudicación (arts. 316 a 318). Sus efectos y extinción se regirán por normas de derecho privado; no obstante, les serán aplicables las disposiciones sobre obligaciones en materia medioambiental, social o laboral; las relativas a las condiciones especiales de ejecución; los supuestos de modificación del contrato; los requisitos sobre cesión y subcontratación; las previstas en la racionalización técnica de la contratación; las condiciones de pago establecidas, así como algunas causas de resolución del contrato (art. 319 LCSP).

Los contratos celebrados por las demás entidades y organismos del sector público que no tienen la condición de Administración Pública ni de poderes adjudicadores serán considerados contratos privados y quedan sometidos a los artículos 321 y 322 LCSP, a las disposiciones generales establecidas para todos los contratos del sector público y a los principios generales de la contratación pública, debiendo seleccionar la mejor oferta, de conformidad con lo dispuesto en el artículo 145 LCSP. Los órganos competentes de estas entidades aprobarán unas instrucciones en las que regulen los procedimientos de contratación de forma que quede garantizada la efectividad de los principios de publicidad, concurrencia, transparencia, confidencialidad, igualdad y no discriminación, así como que los contratos se adjudiquen a quienes presenten la mejor oferta, de conformidad con lo dispuesto en el artículo 145 LCSP.

Estas instrucciones se pondrán a disposición de todos los interesados en participar en los procedimientos de adjudicación y se publicarán en el perfil de contratante de la entidad.

En el ámbito del sector público estatal, la aprobación de las instrucciones requerirá el informe previo del órgano al que corresponda el asesoramiento jurídico de la entidad.

B) La LCSP también clasifica los contratos del sector público por su *objeto y contenido* como contrato de obras; concesión de obra pública; concesión de servicios; suministro; y servicios. Son los denominados contratos nominados o típicos definidos en los artículos 13 a 18 LCSP, que a su vez podrán ser considerados contratos administrativos o contratos privados según sea el sujeto que los celebre. Por último, hay que tener en cuenta las posibles combinaciones de prestaciones correspondientes a varios tipos contractuales que puedan agruparse en un mismo contrato, nos referimos a los denominados contratos mixtos (art. 18 LCSP), que se regirán en cuanto a su preparación y adjudicación, como regla general, por las normas del contrato cuya prestación sea la principal, o cuyo valor estimado sea más elevado. En cuanto a los efectos y extinción, la LCSP hace remisión a lo que se establezca en los correspondientes pliegos de cláusulas administrativas particulares (art. 122.2 LCSP).

En los contratos mixtos solo podrán fusionarse prestaciones correspondientes a diferentes contratos cuando dichas prestaciones se encuentren directamente vinculadas entre sí y mantengan relaciones de complementariedad que exijan su consideración y tratamiento como una unidad funcional dirigida a la satisfacción de una determinada necesidad o a la consecución de un fin institucional propio del ente, organismo o entidad contratante (art. 34.2 LCSP).

C) *Por la cuantía económica del contrato*, la LCSP distingue entre contratos sujetos a regulación armonizada y los no sujetos a regulación armonizada. Los contratos sujetos a regulación armonizada son aquellos en que por razón de la entidad contratante (poder adjudicador), el objeto del contrato (obra, concesión de obra, concesión de servicio, suministro y servicios) y la cuantía económica prevista en los artículos 20 a 22 LCSP (5.350.000 euros, 214. 000 euros, 139.000 euros o 750.000 euros) quedan directamente vinculados y, por tanto, sometidos al contenido de las Directivas europeas, en concreto a las previsiones de las Directivas 2014/23/UE y 2014/24/UE. Los artículos 19 a 23 LCSP determinan, según el objeto contractual, el sujeto contratante y el presupuesto del contrato, los contratos que se encuentran sometidos a regulación armonizada. En los no sujetos a regulación armonizada, el legislador nacional tiene mayor libertad en la configuración de su régimen jurídico.

También quedan sujetos a regulación armonizada los contratos que cumpliendo los requisitos establecidos en el artículo 23 LCSP celebren los particulares o las entidades del sector público que no tengan la consideración de poderes adjudicadores cuando hayan sido subvencionados en más de un 50 por 100 de su importe por entidades consideradas poderes adjudicadores. Se trata de los contratos de obras y servicios que superando los umbrales económicos fijados por las directivas europeas son adjudicados por entidades privadas y están subvencionados en más de un 50 por 100 por un poder adjudicador.

A los contratos sujetos a regulación armonizada que celebren poderes adjudicadores no considerados Administración Pública, les serán de aplicación muchas de las normas previstas para las Administraciones Públicas sobre la preparación, adjudicación, efectos y extinción del contrato. Así lo señala el artículo 317 al concretar que la preparación y adjudicación de los contratos sujetos a regulación armonizada que concierten los poderes adjudicadores se regirán por las normas establecidas en las Secciones 1.ª y 2.ª del Capítulo I del Título I del Libro II, dedicado a la regulación de los contratos celebrados por las Administraciones Públicas.

Cuando el importe del contrato sea inferior a 40.000 euros si se trata de contratos de obras, o 15.000 euros si se trata de contratos de suministro y servicios, el artículo 118 LCSP califica a dichos contratos como contratos menores, estableciendo que podrán adjudicarse directamente a cualquier empresario con capacidad de obrar que cuente con la habilitación profesional necesaria para realizar la prestación. La tramitación del expediente exigirá el informe del órgano de contratación motivando la necesidad del contrato, y requerirá la aprobación del gasto y la incorporación al mismo de la factura correspondiente. En el contrato menor de obras, deberá añadirse, además, el presupuesto de las obras, y el correspondiente proyecto cuando se requiera legalmente (arts. 118 y 131.3 LCSP).

Por último, cuando el contrato supere el presupuesto fijado para ser considerado contrato menor y no alcance el umbral económico de los contratos sujetos a regulación armonizada, los artículos 318 y 321.2 LCSP establecen determinadas disposiciones y reglas que deberán tener en cuenta las entidades del sector público que no son consideradas Administraciones Públicas.

En definitiva, tienen carácter administrativo los contratos de obra, concesión de obra, concesión de servicios, suministro y servicios, celebrados por una Administración Pública. Tendrán también naturaleza administrativa especial los contratos de objeto distinto a los anteriormente expresados por estar vinculados al giro o tráfico específico de la Administración contratante o por satisfacer de forma directa una finalidad pública de la específica competencia de aquella.

Las Administraciones Públicas pueden también celebrar contratos privados conforme a lo establecido en el artículo 26.2 LCSP.

Tienen la consideración de contratos privados los celebrados por los entes, organismos y entidades del sector público que no reúnan la condición de Administraciones Públicas.

Son contratos sujetos a regulación armonizada los contratos incluidos en los artículos 19 a 23 LCSP celebrados por poderes adjudicadores cuyo valor sea igual o superior a las cuantías indicadas en dichos artículos. Tienen también la consideración de contratos sujetos a regulación armonizada los contratos subvencionados a que se refiere el artículo 23 LCSP.

8. Impugnación, revisión y control de la actuación contractual del sector público

La Comunicación Interpretativa de la Comisión Europea de 1 de agosto de 2006 especifica que «con arreglo a la jurisprudencia del TJUE, todas las personas tienen derecho a una protección judicial efectiva de los derechos que les confiere el ordenamiento jurídico europeo», por lo que aconseja a los EEMM que contemplen en sus ordenamientos jurídicos internos la existencia de recursos ágiles, rápidos y eficaces resueltos por autoridades independientes al margen del importe del contrato.

La actuación contractual del sector público podrá ser impugnada, revisada y controlada:

a) Mediante la revisión de oficio.
b) Mediante la interposición del recurso especial en materia de contratación.
c) Mediante recursos administrativos ordinarios
d) Por la jurisdicción contencioso administrativa y por la jurisdicción civil.

8.1. *Revisión de oficio (art. 41 LCSP)*

La revisión de oficio de los actos preparatorios y de los actos de adjudicación de los contratos se efectuará de conformidad con lo establecido en artículo 106 de la Ley 39/2015, de 1 de octubre, del Procedimiento Administrativo Común de las Administraciones Públicas. Para ello, a los exclusivos efectos de la LCSP, tendrán la consideración de actos administrativos los actos preparatorios y los actos de adjudicación de los contratos celebrados por las entidades del sector público que no sean Administraciones Públicas, así como los actos preparatorios y los actos de adjudicación de los contratos subvencionados a que se refiere el artículo 23 LCSP.

Serán competentes para declarar la nulidad o lesividad de los actos preparatorios y de adjudicación el órgano de contratación, cuando se trate de contratos de una Administración Pública, o el titular del departamento, órgano, ente u organismo al que esté adscrita la entidad contratante o al que corresponda su tutela, cuando esta no tenga el carácter de Administración Pública. En este último caso, si la entidad contratante estuviera vinculada a más de una Administración, será competente el órgano correspondiente de la que ostente el control o participación mayoritaria.

En el ámbito de las CCAA sus normas respectivas establecerán la competencia que, en todo caso, deberá ser atribuida a un órgano cuyas resoluciones agoten la vía administrativa. En los contratos subvencionados, la competencia corresponderá al titular del departamento, presidente o director de la entidad que hubiese otorgado la subvención, o al que esté adscrita la entidad que la hubiese concedido, cuando esta no tenga el carácter de Administración Pública. En el supuesto de concurrencia de subvenciones por parte de distintos sujetos del sector público, la competencia se determinará atendiendo a la subvención de mayor cuantía y, a igualdad de importe, atendiendo a la subvención primeramente concedida (art. 41 LCSP). En relación a la competencia para declarar la nulidad o lesividad de los actos preparatorios y de adjudicación de los contratos en el ámbito de las CCAA, véase la interpretación que realiza el TC en el FJ 9 de la STC de 18 de marzo de 2021.

8.2. *Recurso especial en materia de contratación (arts. 44 a 60 LCSP)*

Podrá interponerse el recurso especial en materia de contratación frente a los siguientes contratos celebrados por las Administraciones Públicas y por las entidades que ostenten la condición de poderes adjudicadores:

a) Contratos de obras cuyo valor estimado sea superior a tres millones de euros, y de suministro y servicios, que tengan un valor estimado superior a cien mil euros.

b) Acuerdos marco y sistemas dinámicos de adquisición que tengan por objeto la celebración de alguno de los contratos tipificados en la letra anterior.

c) Concesiones de obras o de servicios cuyo valor estimado supere los tres millones de euros.

Serán igualmente recurribles los contratos administrativos especiales cuando por sus características no sea posible fijar su precio de licitación o, en otro caso, cuando su valor estimado sea superior a lo establecido para los contratos de servicios (cien mil euros).

Asimismo, serán susceptibles de recurso especial en materia de contratación los contratos subvencionados a que se refiere el artículo 23 y los encargos a medios propios cuando, por sus características, no sea posible fijar su importe o, en otro caso, cuando este, atendida su duración total más las prórrogas, sea igual o superior a lo establecido para los contratos de servicios (cien mil euros).

Podrán ser objeto del recurso las siguientes actuaciones:

a) Los anuncios de licitación, los pliegos y los documentos contractuales que establezcan las condiciones que deban regir la contratación.

b) Los actos de trámite adoptados en el procedimiento de adjudicación, siempre que estos decidan directa o indirectamente sobre la adjudicación, determinen la imposibilidad de continuar el procedimiento o produzcan indefensión o perjuicio irreparable a derechos o intereses legítimos. En todo caso se considerará que concurren las circunstancias anteriores en los actos de la mesa o del órgano de contratación por los que se acuerde la admisión o inadmisión de candidatos o licitadores, o la admisión o exclusión de ofertas, incluidas las ofertas que sean excluidas por resultar anormalmente bajas.

c) Los acuerdos de adjudicación.

d) Las modificaciones basadas en el incumplimiento de lo establecido en los artículos 204 y 205 LCSP, por entender que la modificación debió ser objeto de una nueva adjudicación.

e) La formalización de encargos a medios propios en los casos en que estos no cumplan los requisitos legales.

f) Los acuerdos de rescate de concesiones.

El recurso especial en materia de contratación es un recurso potestativo, pero excluyente de cualquier otro medio impugnatorio de naturaleza administrativa. Frente a los contratos y actos susceptibles de impugnación mediante este recurso solo cabe este recurso en vía administrativa o acudir a la jurisdicción contencioso-administrativa.

La legitimación para interponer el recurso es amplia, podrán hacerlo las personas físicas o jurídicas cuyos derechos e intereses se hayan visto perjudicados o puedan resultar afectados por las decisiones objeto del recurso. Es decir, podrán interponer el recurso los licitadores excluidos o descartados y los que no hayan podido serlo como consecuencia del contenido de los documentos de contratación.

También están legitimadas para interponer este recurso, contra los actos susceptibles de ser recurridos, las organizaciones sindicales cuando de las actuaciones o decisiones recurribles pudiera deducirse fundadamente que implican en el proceso de ejecución del contrato incumplimientos por el empresario de las obligaciones sociales o laborales respecto de los trabajadores que participen en la realización de la prestación. En todo caso se entenderá legitimada la organización empresarial sectorial representativa de los intereses afectados.

En cuanto a la adopción de medidas cautelares o provisionales, la LCSP prevé que se soliciten con anterioridad a la interposición del recurso, en cuyo caso se exige una decisión motivada en el plazo de cinco días hábiles desde la presentación del escrito. Si el acto recurrido es el de adjudicación, la LCSP prevé la suspensión automática de la misma una vez interpuesto el recurso, que deberá ser ratificada por el órgano encargado de la resolución del recurso.

El plazo de interposición del recurso es de quince o treinta días hábiles, según sea la causa de impugnación, y se contará a partir del día siguiente a aquel en que se reciba la notificación del acto impugnado. El recurso podrá presentarse en los lugares establecidos en el artículo 16.4 de la Ley 39/2015, de 1 de octubre, del Procedimiento Administrativo Común de las Administraciones Públicas. Asimismo, podrá presentarse en el registro del órgano de contratación o en el del órgano competente para la resolución del recurso. Los recursos presentados en registros distintos de los dos anteriormente citados, deberán comunicarse al Tribunal de manera inmediata y de la forma más rápida posible.

En el ámbito estatal el órgano competente para la tramitación y resolución del recurso especial en materia de contratación es un órgano funcionalmente independiente insertado en el Ministerio de Hacienda denominado Tribunal Administrativo Central de Recursos Contractuales. A pesar del *nomen iuris* no tiene naturaleza jurisdiccional sino administrativa. En el ámbito de las CCAA, la competencia para resolver el recurso será la establecida por sus normas respectivas, debiendo ser un órgano independiente que garantice un adecuado conocimiento. Si existe un convenio con la Administración General del Estado podrán atribuir la competencia para la resolución de los recursos al Tribunal Administrativo Central. En el ámbito local la competencia será establecida por las normas de las CCAA y en el supuesto de que no exista previsión expresa en la legislación autonómica, se la atribuirá al mismo órgano que resuelva los recursos de la Comunidad Autónoma en cuyo territorio estén integradas las entidades locales, sin que les sea posible atribuir unilateralmente la competencia al Tribunal Administrativo Central mediante convenio.

8.3. *Recursos administrativos ordinarios (art. 44.6 LCSP)*

Los actos que se dicten en los procedimientos de adjudicación de contratos de las Administraciones Públicas que no reúnan los requisitos para ser impugnados mediante el recurso especial en materia de contratación podrán ser objeto de recurso administrativo de conformidad con lo dispuesto en los artículos 112 a 124 de la Ley 39/2015, de 1 de octubre, del Procedimiento Administrativo Común de las Administraciones Públicas; o del recurso contencioso administrativo de acuerdo con la Ley 29/1998, de 13 de julio, Reguladora de la Jurisdicción Contencioso-Administrativa.

En el caso de actuaciones contractuales realizadas por poderes adjudicadores que no tengan la condición de Administraciones Públicas, se impugnarán en vía administrativa de conformidad con lo dispuesto en la Ley 39/2015 ante el titular del departamento, órgano, ente u organismo al que esté adscrita la entidad contratante o al que corresponda su tutela. Si la entidad contratante estuviera vinculada a más de una Administración, será competente el órgano correspondiente de la que ostente el control o participación mayoritaria. Recordemos que a los exclusivos efectos de la LCSP el artículo 41.2 LCSP señala que tendrán la consideración de actos administrativos los actos preparatorios y los actos de adjudicación de los contratos de las entidades del sector público que no sean Administraciones

Públicas, así como los actos preparatorios y los actos de adjudicación de los contratos subvencionados a que se refiere el artículo 23 LCSP.

Los defectos de tramitación que afecten a actos distintos de los contemplados por la LCSP para la interposición del recurso especial en materia de contratación podrán ser puestos de manifiesto por los interesados ante el órgano al que corresponda la instrucción del expediente, o ante el órgano de contratación, a efectos de su corrección con arreglo a Derecho, y sin perjuicio de que las irregularidades que les afecten puedan ser alegadas por los interesados al recurrir el acto de adjudicación (art. 44.3 LCSP).

El objeto de la impugnación, control o revisión de la actuación contractual será en muchos casos la posible invalidez de los contratos, regulada en los artículos 38 a 43 LCSP, donde se señalan las causas de invalidez de los contratos celebrados por los poderes adjudicadores, incluidos los contratos subvencionados a que se refiere el artículo 23. Tema que pasamos a estudiar.

8.4. *Régimen de Invalidez de los contratos del sector público (arts. 38 a 43 LCSP)*

Especifica el artículo 38 LCSP que los contratos celebrados por los poderes adjudicadores, incluidos los contratos subvencionados a que se refiere el artículo 23, serán inválidos:

a) Cuando concurra en ellos alguna de las causas que los invalidan de conformidad con las disposiciones del derecho civil.

b) Cuando lo sea alguno de sus actos preparatorios o del procedimiento de adjudicación, por concurrir en los mismos alguna de las causas de derecho administrativo que especifican los artículos 39 y 40 LCSP.

c) En aquellos casos en que la invalidez derive de la ilegalidad de su clausulado.

La invalidez de los contratos por causas reconocidas en el derecho civil, en cuanto resulten de aplicación a los contratos celebrados por poderes adjudicadores, se sujetará a los requisitos y plazos de las acciones establecidos en el ordenamiento civil, pero el procedimiento para hacerlas valer, cuando el contrato se haya celebrado por una Administración Pública, se someterá a lo previsto para los actos y contratos administrativos anulables.

Son causas de nulidad de derecho administrativo, además de las indicadas en el artículo 47 de la Ley 39/2015, de 1 de octubre, las siguientes:

a) La falta de capacidad de obrar o de solvencia económica, financiera, técnica o profesional; o la falta de habilitación empresarial o profesional cuando sea exigible para la realización de la actividad o prestación que constituya el objeto del contrato; o la falta de clasificación, cuando esta proceda, o estar incurso el contratista en alguna de las prohibiciones para contratar señaladas en el artículo 71 LCSP.

b) La carencia o insuficiencia de crédito, de conformidad con lo establecido en la Ley General Presupuestaria, salvo los supuestos de emergencia.

c) La falta de publicación del anuncio de licitación en el perfil de contratante alojado en la Plataforma de Contratación del Sector Público o en los servicios de información similares de las CCAA, en el *Diario Oficial de la Unión Europea* o en el medio de publicidad en que sea preceptivo, de conformidad con el artículo 135 LCSP.

d) La inobservancia por parte del órgano de contratación del plazo para la formalización del contrato siempre que concurran los dos siguientes requisitos:

1.° Que por esta causa el licitador se hubiese visto privado de la posibilidad de interponer recurso contra alguno de los actos del procedimiento de adjudicación y,

2.° Que, además, concurra alguna infracción de los preceptos que regulan el procedimiento de adjudicación de los contratos que le hubiera impedido obtener esta.

e) Haber llevado a efecto la formalización del contrato, en los casos en que se hubiese interpuesto el recurso especial en materia de contratación sin respetar la suspensión automática del acto recurrido en los casos en que fuera procedente, o la medida cautelar de suspensión acordada por el órgano competente para conocer del recurso especial en materia de contratación que se hubiera interpuesto.

f) El incumplimiento de las normas establecidas para la adjudicación de los contratos basados en un acuerdo marco celebrado con varios empresarios o de los contratos específicos basados en un sistema dinámico de adquisición en el que estuviesen admitidos varios empresarios, siempre que dicho incumplimiento hubiera determinado la adjudicación del contrato de que se trate a otro licitador.

g) El incumplimiento grave de normas de derecho de la UE en materia de contratación pública que implique que el contrato no hubiera debido adjudicarse al contratista, declarado por el TJUE en un procedimiento con arreglo al artículo 258 TFUE (procedimiento de infracción).

Las demás infracciones del ordenamiento jurídico son causas de anulabilidad, de acuerdo con lo establecido en el artículo 48 de la Ley 39/2015, de 1 de octubre, y, en especial, de las siguientes reglas contenidas en el artículo 40 LCSP como:

a) El incumplimiento de las circunstancias y requisitos exigidos para la modificación de los contratos en los artículos 202 y 203.

b) Todas aquellas disposiciones, resoluciones, cláusulas o actos emanados de cualquier poder adjudicador que otorguen, de forma directa o indirecta, ventajas a las empresas que hayan contratado previamente con cualquier Administración.

c) Los encargos que acuerden los poderes adjudicadores para la ejecución directa de prestaciones a través de medios propios, cuando no observen alguno de los requisitos establecidos en los apartados 2, 3 y 4 del artículo 32, relativos a la condición de medio propio.

La declaración de nulidad de los actos preparatorios o de la adjudicación del contrato, cuando sea firme, llevará en todo caso consigo la del mismo contrato, que entrará en fase de liquidación, debiendo restituirse las partes recíprocamente las cosas que hubiesen recibido en virtud del mismo, y si esto no fuese posible se devolverá su valor. La parte que resulte culpable deberá indemnizar a la contraria de los daños y perjuicios que haya sufrido. La nulidad de los actos que no sean preparatorios solo afectará a estos y sus consecuencias.

Si la declaración administrativa de nulidad de un contrato produjese un grave trastorno al servicio público, podrá disponerse la continuación de sus efectos bajo las mismas cláusulas, hasta que se adopten las medidas urgentes para evitar el perjuicio.

Por último, en relación a los supuestos de anulabilidad, los efectos mencionados anteriormente podrán ser acordados por la sentencia que ponga fin al recurso contencioso-administrativo interpuesto previa declaración de lesividad, de conformidad con lo previsto en el artículo 71 de la Ley 29/1998, de 13 de julio, reguladora de la Jurisdicción Contencioso-Administrativa.

8.5. *Revisión por la jurisdicción contencioso-administrativa y la jurisdicción civil*

Especifica el artículo 27 LCSP que el orden jurisdiccional contencioso-administrativo conocerá de las siguientes cuestiones contractuales:

a) Las relativas a la preparación, adjudicación, efectos, modificación y extinción de los contratos administrativos.

b) Las que se susciten en relación con la preparación y adjudicación de los contratos privados de las Administraciones Públicas. Adicionalmente, las impugnaciones de las modificaciones de los contratos de servicios que tengan por objeto servicios financieros, los de creación e interpretación artística y espectáculos, los de suscripción de revistas, publicaciones periódicas y bases de datos, siempre que estén sujetos a regulación armonizada.

c) Las referidas a la preparación, adjudicación y modificaciones de los contratos celebrados por los poderes adjudicadores que no tengan la consideración de Administración Pública.

d) Las relativas a la preparación y adjudicación de los contratos de entidades del sector público que no tengan el carácter de poderes adjudicadores.

e) Los recursos interpuestos contra las resoluciones que se dicten por los órganos administrativos de resolución del recurso especial en materia de contratación y de los recursos administrativos ordinarios.

f) Las cuestiones que se susciten en relación con la preparación, adjudicación y modificación de los contratos subvencionados a que se refiere el artículo 23 LCSP.

El orden jurisdiccional civil será el competente para resolver:

a) Las controversias que se susciten entre las partes en relación con los efectos y extinción de los contratos privados de las entidades que tengan la consideración de poderes adjudicadores, sean o no Administraciones Públicas, con excepción de las modificaciones contractuales basadas en el incumplimiento de lo establecido en los artículos 202 y 203 LCSP por entender que la modificación debió ser objeto de una nueva adjudicación.

b) De las cuestiones referidas a efectos y extinción de los contratos que celebren las entidades del sector público que no tengan el carácter de poderes adjudicadores.

c) El conocimiento de las cuestiones litigiosas relativas a la financiación privada del contrato de concesión de obra pública o de concesión de servicios, salvo en lo relativo a las actuaciones en ejercicio de las obligaciones y potestades administrativas atribuidas legalmente a la Administración concedente, en las que será competente el orden jurisdiccional contencioso-administrativo.

9. Organización administrativa para la gestión de la contratación

El órgano de contratación para celebrar de forma eficaz y eficiente el contrato público cuenta con una estructura organizativa compuesta por órganos de asistencia y apoyo técnico; órganos consultivos, de supervisión y coordinación; registros oficiales y un mecanismo de publicidad para difundir la información contractual por medios electrónicos, informáticos y telemáticos.

Esta organización administrativa para la gestión contractual se encuentra regulada en los artículos 323 a 347 LCSP, y al incluir algunas cuestiones directamente vinculadas con la potestad autoorganizatoria que corresponde a cada una de las Administraciones Públicas, muchas de estas disposiciones normativas van dirigidas exclusivamente a la Administración General del Estado. No obstante, tienen carácter básico y por tanto son de aplicación a todas las Administraciones Públicas las disposiciones relacionadas con los nuevos órganos colegiados consultivos y de gobernanza que introduce la LCSP por imperativo de las Directivas europeas de 2014 (arts. 329 a 334 LCSP); las relativas a los registros oficiales (arts. 337 a 346 LCSP), así como las relacionadas con la elaboración y remisión de determinada información (arts. 335 y 336 LCSP).

La organización administrativa contractual de las de las CCAA, en todo aquello que no suponga normativa básica estatal conforme a la disposición final primera de la LCSP, queda recogida en el desarrollo autonómico de las bases estatales sobre contratos del sector público, o en sus leyes de Gobierno y Administración. La gestión que compete a las entidades locales queda enmarcada en las disposiciones adicionales segunda y tercera de la LCSP (normativa básica), en la regulación de desarrollo de la Comunidad Autónoma en la que queden integradas y en su reglamento interno de organización y funcionamiento.

9.1. *Órganos competentes en materia de contratación*

A) Órganos de contratación estatales (art. 323 LCSP)

Son órganos de contratación de la Administración General del Estado los Ministros y los Secretarios de Estado y, en consecuencia, están facultados para celebrar los contratos en el ámbito de sus competencias. Los presidentes o directores de los organismos autónomos, agencias estatales, entidades públicas empresariales y demás entidades públicas estatales y los directores generales de las distintas entidades gestoras y servicios comunes de la Seguridad Social son los órganos de contratación de unos y otros, a falta de disposición específica recogida en las correspondientes normas de creación o reguladoras del funcionamiento de esas entidades. La capacidad para contratar de los representantes legales de las sociedades y fundaciones del sector público estatal se regirá por lo dispuesto en los estatutos de estas entidades y por las normas de derecho privado que sean de aplicación en cada caso.

En los departamentos ministeriales podrán constituirse Juntas de Contratación que actuarán como órganos de contratación en los contratos que especifica el artículo 323.4 LCSP. En la composición de las Juntas de Contratación debe figurar entre sus vocales un funcionario que tenga atribuido, legal o reglamentariamente, el asesoramiento jurídico del órgano de contratación y un interventor.

El Ministerio de Hacienda podrá declarar de contratación centralizada los suministros, obras y servicios que se contraten de forma general y con características esencialmente homogéneas por los diferentes órganos y organismos. La contratación de estos suministros, obras o servicios deberá efectuarse a través de la Dirección General del Patrimonio del Estado, que operará, respecto de ellos, como central de contratación única. La financiación de los correspondientes contratos correrá a cargo del organismo peticionario. El Director General del Patrimonio del Estado es el órgano de contratación del sistema estatal de contratación centralizada.

B) Autorización para contratar en determinados contratos (art. 324 LCSP)

Los órganos de contratación de las entidades del sector público estatal que tengan la consideración de poder adjudicador necesitarán la autorización del Consejo de Ministros para celebrar contratos en los siguientes supuestos:

a) Cuando el valor estimado del contrato sea igual o superior a doce millones de euros.

b) Cuando el pago de los contratos se concierte mediante el sistema de arrendamiento financiero o mediante el sistema de arrendamiento con opción de compra y el número de anualidades supere cuatro años.

La autorización del Consejo de Ministros deberá obtenerse antes de la aprobación del expediente contractual. En los casos en que el Consejo de Ministros autorice la celebración de un contrato deberá autorizar igualmente sus posibles modificaciones, siempre que, no encontrándose previstas en el pliego, representen un porcentaje, aislada o conjuntamente, superior al 10 por 100 del precio inicial del contrato.

En el ámbito del Sector Público Estatal, antes de celebrar un contrato de concesión de obras o de concesión de servicios, cuyo valor estimado sea igual o superior a doce millones de euros, será preceptivo y vinculante un informe del Ministerio de Hacienda, sobre las repercusiones presupuestarias y compromisos financieros que implique, así como sobre su incidencia en el cumplimiento del objetivo de estabilidad presupuestaria. Asimismo, en estos contratos, y con independencia de la cuantía del contrato, será igualmente necesario recabar el informe vinculante del Ministerio de Hacienda cuando en su financiación se prevea cualquier forma de ayuda o aportación estatal, o el otorgamiento de préstamos o anticipos.

C) Desconcentración de competencias en materia de contratación (art. 325 LCSP)

Los órganos de contratación podrán delegar o desconcentrar sus competencias y facultades con cumplimiento de las normas y formalidades aplicables en cada caso para la delegación o desconcentración de competencias, en el caso de que se trate de órganos administrativos, o para el otorgamiento de poderes, cuando se trate de órganos societarios o de una fundación.

En el ámbito estatal las competencias en materia de contratación podrán ser desconcentradas por Real Decreto acordado en Consejo de Ministros, en cualesquiera órganos, sean o no dependientes del órgano de contratación. En las entidades gestoras y servicios comunes de la Seguridad Social, las competencias en materia de contratación de sus directores podrán desconcentrarse en la forma y con los requisitos establecidos en el Texto Refundido de la Ley General de la Seguridad Social, aprobado por Real Decreto Legislativo 8/2015, de 30 de octubre.

D) Elaboración y remisión de información (arts. 335 y 336 LCSP)

Los órganos de contratación redactarán un informe escrito sobre cada contrato de obras, suministros o servicios o acuerdo marco, sujetos a regulación armonizada, así como cada vez que establezcan un sistema dinámico de adquisición, que deberá incluir los datos exigidos por el artículo 336.1 LCSP. Dicho informe se remitirá a la Comisión Europea o al Comité de Cooperación en materia de Contratación Pública, cuando lo soliciten.

Dentro de los tres meses siguientes a la formalización del contrato el órgano de contratación deberá remitir al Tribunal de Cuentas u órgano externo de fiscalización de la Comunidad Autónoma una copia certificada del documento en el que se hubiere formalizado, siempre que el precio de adjudicación exceda de 600.000 euros cuando se trate de contratos de obras, concesiones de obras, concesiones de servicios y acuerdos marco; de 450.000 euros en los contratos de suministros; y de 150.000 euros en los contratos administrativos especiales y de servicios.

En relación al resto de contratos incluyendo los contratos menores, salvo que su importe sea inferior a cinco mil euros, el órgano de contratación remitirá también una relación de ellos al Tribunal de Cuentas, en la que se consignará la identidad del adjudicatario, el objeto del contrato y su cuantía. Esta remisión podrá realizarse directamente por vía electrónica por la Plataforma de Contratación donde tenga ubicado su perfil del contratante el correspondiente órgano de contratación.

9.2. *Órganos de asistencia y apoyo técnico especializado. Mesas de contratación (art. 326 LCSP)*

Salvo en el caso en que la competencia para contratar corresponda a una Junta de Contratación, en los procedimientos abiertos, abierto simplificado, restringidos, de diálogo competitivo, de licitación con negociación y de asociación para la innovación, los órganos de contratación de las Administraciones Públicas estarán asistidos por una mesa de contratación. En los procedimientos negociados en que no sea necesario publicar anuncios de licitación, la constitución de la mesa será potestativa para el órgano de contratación. Cuando se fundamente el procedimiento negociado sin publicidad en la existencia de una imperiosa urgencia [art. 168, letra *b*).1.º LCSP], será obligatoria la constitución de la mesa. En el procedimiento abierto simplificado abreviado (art. 159.6 LCSP), en contratos de obra de valor estimado inferior a 80.000 euros, y en contratos de suministros y de servicios de valor estimado inferior a 60.000 euros, será igualmente potestativa la constitución de la mesa.

La mesa de contratación, como órgano de asistencia técnica, estará constituida por un presidente, los vocales que se determinen reglamentariamente, y un secretario que deberá ser designado entre funcionarios o, en su defecto, otro tipo de personal dependiente del órgano de contratación, y entre los vocales deberán figurar necesariamente un funcionario de entre quienes tengan atribuido legal o reglamentariamente el asesoramiento jurídico del órgano de contratación y un interventor, o, a falta de estos una persona al servicio del órgano de contratación que tenga atribuidas las funciones correspondientes a su asesoramiento jurídico y otra que tenga atribuidas las relativas a su control económico-presupuestario. Los miembros de la mesa serán nombrados por el órgano de contratación.

En ningún caso podrán formar parte de las mesas de contratación ni emitir informes de valoración de las ofertas los cargos públicos representativos ni el personal eventual. Podrá formar parte de la mesa personal funcionario interino únicamente cuando no existan funcionarios de carrera suficientemente cualificados y así se acredite en el expediente. Tampoco podrá formar parte de las mesas de contratación el personal que haya participado en la redacción de la documentación técnica del contrato, salvo en los supuestos a que se refiere la disposición adicional 2.ª LCSP.

En los procedimientos de diálogo competitivo y de asociación para la innovación que se sigan por las Administraciones Públicas estatales, se constituirá una mesa a la que se incorporarán personas especialmente cualificadas en la materia sobre la que verse el diálogo, designadas por el órgano de contratación que participarán en las deliberaciones con voz y voto.

En la contratación centralizada estatal prestará apoyo y asistencia técnica especializada la Junta de Contratación Centralizada, adscrita al Ministerio de Hacienda. Y en los concursos de proyectos no habrá intervención de la mesa de contratación.

Si en el ejercicio de sus funciones la mesa de contratación tuviera indicios fundados de conductas colusorias en el procedimiento de contratación, o conductas contrarias a la libre concurrencia y competencia los trasladará con carácter previo a la adjudicación del contrato a la Comisión Nacional de los Mercados y la Competencia o, en su caso, a la autoridad de competencia autonómica correspondiente, a efectos de que a través de un procedimiento sumarísimo se pronuncie sobre dichas conductas. La remisión de dichos indicios tendrá efectos suspensivos en el procedimiento de contratación (art. 150.1 LCSP).

9.3. *Órganos consultivos en materia de contratación del sector público (arts. 328 a 334 LCSP)*

El órgano consultivo específico de la Administración General del Estado, de sus organismos autónomos, agencias y demás entidades públicas estatales, en materia de contratación pública es la *Junta Consultiva de Contratación Pública del Estado* (en adelante, JCCP), adscrita al Ministerio de Hacienda, y cuya composición y régimen jurídico contempla el Real Decreto 30/1991, de 18 de enero, y la disposición adicional 5.ª del Real Decreto 1.098/2001, de 12 de octubre.

Entre las funciones que lleva acabo la JCCP se encuentra la de promover la adopción de medidas de carácter general que considere procedentes para la mejora del sistema de contratación en sus aspectos administrativos, técnicos y económicos. Y podrá exponer directamente a los órganos de contratación o formular con carácter general las recomendaciones pertinentes, si de los estudios se dedujeran conclusiones de interés para el ente contratante.

En las CCAA, los órganos consultivos en materia de contratación ejercerán su competencia en su respectivo ámbito territorial, en relación con la contratación de las Administraciones autonómicas, de los organismos y entidades dependientes o vinculados a las mismas y, de establecerse así en sus normas reguladoras, de las entidades locales, sin perjuicio de las competencias de la Junta Consultiva de Contratación Administrativa del Estado.

La LCSP designa a la Junta Consultiva de Contratación Pública del Estado como el punto de referencia para la cooperación con la Comisión Europea y, en consecuencia, se le atribuye la obligación de remisión de los informes que establecen las Directivas europeas, sin perder su función consultiva en materia de contratación pública del sector público estatal.

En el seno de la Junta Consultiva la LCSP crea el denominado *Comité de Cooperación en materia de contratación pública*, principalmente, para articular un espacio de coordinación y cooperación en áreas de acción común con las Comunidades Autónomas y con las entidades locales, así como para elaborar la propuesta de Estrategia Nacional de Contratación Pública, sin que ello impida la aprobación de estrategias por parte de las Comunidades Autónomas para sus respectivos ámbitos territoriales.

Crea también la LCSP *la Oficina Independiente de Regulación y Supervisión de la Contratación* (art. 332), con plena independencia funcional, formada por personal independiente (inamovibles con un plazo de 6 años), y adscrita orgánicamente al Ministerio de Hacienda, para velar por la correcta aplicación de la legislación, combatir las ilegalidades, promover la concurrencia en relación con la contratación pública, y rendir cuentas anualmente a las Cortes Generales y al Tribunal de Cuentas sobre sus actuaciones. La Oficina podrá dictar las instrucciones oportunas, sin que se le reconozcan competencias de «anulación» o sanción, y está facultada para dar traslado a la Fiscalía u órganos judiciales o administrativos cuando tenga conocimiento de hechos constitutivos de delito o infracción.

Funcionará por tanto como órgano de coordinación de la supervisión en materia de contratación pública de los poderes adjudicadores del conjunto del sector público, dado que las CCAA pueden crear sus propias Oficinas de Supervisión. Adicionalmente, es el órgano competente para la aprobación de la Estrategia Nacional, en cuya ejecución se verán involucrados los tres órganos consultivos anteriormente mencionados, así como sus equivalentes a nivel autonómico.

Por último, *La Oficina Nacional de Evaluación* es un órgano colegiado integrado en la Oficina Independiente de Regulación y Supervisión de la Contratación, que tiene como finalidad analizar la sostenibilidad financiera de los contratos de concesiones de obras y concesión de servicios a celebrar por los poderes adjudicadores y entidades adjudicadoras, así como por otros entes, organismos y entidades dependientes de la Administración General del Estado y de las entidades locales. La Oficina Nacional de Evaluación, con carácter previo a la licitación de los contratos de concesión evacuará informe preceptivo en los casos previstos en el artículo 333.3 LCSP.

9.4. *Registros Oficiales en materia de contratación del sector público*

A) Registro Oficial de Licitadores y Empresas Clasificadas del Sector Público (arts. 337 a 345 LCSP)

El Registro Oficial de Licitadores y Empresas Clasificadas del Sector Público tiene por objeto la inscripción de los datos y circunstancias que resulten relevantes para acreditar las condiciones de aptitud de los empresarios para contratar con las Administraciones Públicas y demás organismos y entidades del sector público, incluidas las facultades de sus representantes y apoderados, así como la acreditación de todo ello ante cualquier órgano de contratación del sector público. El Registro depende del Ministerio de Hacienda y su gestión corresponde a los órganos de apoyo técnico de la Junta Consultiva de Contratación Pública del Estado.

En el Registro podrán constar, cuando así lo solicite el interesado, los siguientes datos y circunstancias relativas a los empresarios:

a) Los correspondientes a su personalidad y capacidad de obrar, en el caso de personas jurídicas.

b) Los relativos a la extensión de las facultades de los representantes o apoderados con capacidad para actuar en su nombre y obligarla contractualmente.

c) Los referentes a las autorizaciones o habilitaciones profesionales y a los demás requisitos que resulten necesarios para actuar en su sector de actividad.

d) Los datos relativos a la solvencia económica y financiera, que se reflejarán de forma independiente de la clasificación que, en su caso, tenga el empresario.

e) Cualesquiera otros datos de interés para la contratación pública que se determinen reglamentariamente.

Se harán constar igualmente los datos relativos a las prohibiciones de contratar a las que se refiere el artículo 73.2 LCSP.

Sin perjuicio de la práctica de oficio de las inscripciones obligatorias relacionadas con la clasificación de empresas, cuando así lo exija la LCSP, la inscripción en el Registro es voluntaria para los empresarios, los cuales podrán determinar qué datos desean reflejar. La inscripción implicará el consentimiento del empresario para la difusión por medios electrónicos de sus datos inscritos, en los términos y con los límites y restricciones que legal o reglamentariamente se determinen.

Los empresarios inscritos están obligados a poner en conocimiento del Registro cualquier variación que se produzca en los datos reflejados en el mismo, así como cualquier circunstancia sobrevenida que pueda determinar la concurrencia de una prohibición de contratar. La omisión de esta comunicación, mediando dolo, culpa o negligencia podrá dar lugar a la suspensión de la inscripción del empresario y de sus efectos para la contratación pública, así como del derecho a la expedición de certificados.

El Registro será público y se podrá acceder a él de forma abierta, previa identificación de la persona que accede. Contará además con un buscador que facilite su uso.

Las Comunidades Autónomas podrán crear sus propios Registros de licitadores y empresas clasificadas, en los que se inscribirán las condiciones de aptitud de los empresarios, las clasificaciones, y las prohibiciones de contratar cuya declaración corresponda a las mismas o a las entidades locales incluidas en su ámbito territorial. La inscripción en el registro de licitadores y empresas clasificadas de una Comunidad Autónoma acreditará los datos y circunstancias de los empresarios ante los órganos de contratación de la propia Comunidad Autónoma, de las entidades locales de su ámbito territorial, y de los organismos y entidades dependientes de una u otras.

El Registro Oficial de Licitadores y Empresas Clasificadas del Sector Público y los Registros de licitadores y empresas clasificadas de las Comunidades Autónomas se facilitarán mutuamente la información relativa a las prohibiciones de contratar en ellos inscritas.

B) Registro de Contratos del Sector Público (art. 346 LCSP)

Además del Registro de Empresas Licitadoras, la LCSP contempla el Registro de Contratos del Sector público que constituye el sistema oficial central de información sobre la contratación pública en España. En él se inscribirán todos los contratos adjudicados por las entidades del sector público, siendo obligatoria, a dichos efectos, la comunicación de los datos relativos a todos los contratos celebrados por importe igual o superior a cinco mil euros. En el resto de contratos inferiores a cinco mil euros, deberá comunicarse el órgano de contratación, la denominación u objeto del contrato, el adjudicatario, número o código identificativo del contrato e importe final.

Los poderes adjudicadores comunicarán al Registro de Contratos del Sector Público, para su inscripción, los datos básicos de los contratos por ellos adjudicados, entre los que figurará la identidad del adjudicatario y el importe de adjudicación de los mismos. Igualmente comunicarán, en su caso, las modificaciones, prórrogas, variaciones de plazos o de precio, importe final y extinción de aquellos.

El Registro depende del Ministerio de Hacienda y su labor fundamental es facilitar de modo telemático el acceso a sus datos a los órganos de las Administraciones Públicas que los precisen para el ejercicio de sus competencias legalmente atribuidas. Asimismo, de conformidad con lo establecido en la Ley 19/2013, de 9 de diciembre, de transparencia, acceso a la información pública y buen gobierno, y con las limitaciones que imponen las normas sobre protección de datos de carácter personal, el Registro facilitará el acceso público a los datos que no tengan el carácter de confidenciales y que no hayan sido previamente publicados de modo telemático y a través de Internet.

9.5. *Gestión de la publicidad contractual por medios electrónicos*

La Dirección General del Patrimonio del Estado del Ministerio de Hacienda pone a disposición de todos los órganos de contratación del sector público una plataforma electrónica que permite la difusión a través de Internet de sus perfiles de contratante. Los perfiles de contratante de los órganos de contratación de todas las entidades del sector público estatal deberán alojarse de manera obligatoria en la Plataforma de Contratación del Sector Público. En las páginas web institucionales de los distintos entes o entidades se incluirá un enlace a su perfil de contratante situado en la Plataforma de Contratación del Sector Público. El anuncio de licitación incluido en el perfil de contratante será nulo de pleno de derecho si el perfil no está alojado en la Plataforma de Contratación del Sector Público o en los servicios de información similares de las Comunidades Autónomas.

Las CCAA y las Ciudades Autónomas de Ceuta y Melilla pueden establecer servicios de información similares a la Plataforma de Contratación del Sector Público en los que deberán alojar sus perfiles de contratante de manera obligatoria, tanto sus propios órganos de contratación como los de sus entes, organismos y entidades vinculados o dependientes, constituyendo estos servicios un punto de acceso único a los perfiles de contratante de los entes, organismos y entidades adscritos a la Comunidad Autónoma correspondiente. En caso de una eventual discrepancia entre la información recogida en el servicio de información de la Comunidad Autónoma y la de la Plataforma de Contratación del Sector Público, prevalecerá la primera.

Los órganos de contratación de las Administraciones locales, así como los de sus entidades vinculadas o dependientes, podrán optar por alojar la publicación de sus perfiles de contratante en el servicio de información que a tal efecto establezca la Comunidad Autónoma de su ámbito territorial, o bien por alojarlos en la Plataforma de Contratación del Sector Público.

La publicación de anuncios y otra información relativa a los contratos en los perfiles de contratante surtirá los efectos previstos en la LCSP cuando los mismos estén alojados en la Plataforma de Contratación del Sector Público o en los servicios de información similares que se establezcan por las Comunidades Autónomas o las Ciudades Autónomas de Ceuta y Melilla.

IV. MATERIALES DIDÁCTICOS

1. Bibliografía específica

Gimeno Feliú, J. M.: «La nueva Ley de Contratos del Sector Público: una ventana de oportunidad para recuperar el liderazgo institucional público con y desde la contratación pública», www.obcp.es, octubre 2017.

González García, J.: «Nueva Ley de Contratos del Sector Público», *Global Politics and Law*, noviembre 2017.

Villalba Pérez, F.: «Garantías para contratar con las Administraciones Públicas», en *Estudios sobre la contratación en las Administraciones Públicas*, CEMCI, Granada, 1996.

— *La contratación de las sociedades mercantiles en manos de las Administraciones Públicas. Principios de publicidad y de concurrencia*, Tirant lo Blanch, Valencia, 2003.

— «La responsabilidad extracontractual del contratista por los daños producidos a terceros durante la ejecución del contrato», *REALA*, n.º 297, 2005.

— «Ejecución de los contratos administrativos de concesión de obra pública», *Comentarios a la Ley de contratos del sector público*, obra colectiva dirigida por el profesor Parejo Alfonso, L., Bosch, Barcelona, 2009.

— «La dimensión social de la contratación del sector público», *Revista Andaluza de Administración Pública*, n.º 74, 2009.

— «La contratación de entidades distintas a las Administraciones públicas», *Revista de Estudios de la Administración Local y Autonómica*, n.º 310, 2009.

— «Tribunal Administrativo de Recursos Contractuales de la Junta de Andalucía», *Documentación Administrativa*, n.º 288, 2012.

— «La concesión de servicios, nuevo objeto de regulación del Derecho comunitario. Directiva 2014/23/UE, de 26 de febrero de 2014, relativa a la adjudicación de contratos de concesión», *Revista de Estudios de la Administración Local y Autonómica, REALA-Nueva Época*, n.º 2, julio-diciembre de 2014.

— «El recurso especial en materia de contratación, especial referencia a la Comunidad Autónoma de Andalucía», en *Mecanismos alternativos de solución de controversias. Visiones y experiencias*, Poder Judicial del Estado de Guanajuato, Escuela de Estudios e Investigación Judicial, Guanajuato (México), 2014.

— «El principio de eficiencia motor de las reformas normativas en contratación pública», en *As reformas do sector público. Perspectiva ibérica no contexto pós-crise*, Instituto Jurídico Facultad de Derecho de la Universidad de Coimbra, Coimbra (Portugal), 2015.

— «Singularidades de los contratos del sector público en los ámbitos de la defensa y seguridad», en *Estudios sobre Derecho Militar y Defensa*, Thomsons Reuters Aranzadi, Navarra, 2015.
— «Exportación de material de defensa a Gobiernos extranjeros. Contratos de Gobierno a Gobierno», *Revista Aragonesa de Administración Pública* (*RArAP*), n.º 45-46, 2015.
— «Externalización de servicios sanitarios: nuevas perspectivas y orientaciones, *Revista Española de Derecho Administrativo* (*REDA*), n.º 182, 2017.
— «La contratación pública electrónica en la Unión Europea», *Salud electrónica. Perspectiva y realidad*, Tirant lo Blanch, Valencia, 2017.
— «Novedades, prevenciones y cautelas de la normativa sobre contratación del sector público en relación a la gestión indirecta de los servicios sociales», en *Compliance e integridad en el sector público*, Tirant lo Blanch, Valencia, 2019.
— «Control, revisión y supervisión de actuaciones y decisiones contractuales del sector público», en *Defensa del patrimonio público y represión de conductas irregulares*, Iustel, Madrid, 2020.
— «Los contratos del sector público», en *Conceptos para el estudio del derecho administrativo II*, Tecnos, Madrid, 2021.

2. Normativa de referencia

— Constitución Española de 1978 (CE).
— Tratado de Funcionamiento de la Unión Europea (TFUE).
— Directiva 2014/23/UE, de 26 de febrero de 2014, relativa a la adjudicación del contrato de concesión.
— Directiva 2014/24/UE, de 26 de febrero de 2014, sobre contratación pública (contratos de obra, suministro y servicios).
— Ley 9/2017, de 8 de noviembre, de Contratos del Sector Público, por la que se transponen al ordenamiento jurídico español las Directivas 2014/23/UE y 2014/24/UE, de 26 de febrero de 2014 (LCSP).
— Real Decreto-ley 3/2020, de 4 de febrero, por el que se incorpora al ordenamiento jurídico español la Directiva 2014/25/UE, de 26 de febrero, relativa a la contratación por entidades que operan en los sectores del agua, energía, transportes y servicios postales.
— Real Decreto 1.098/2001, de 12 de octubre, Reglamento General de la Ley de Contratos de las Administraciones Públicas (RGLCAP), siempre que sus disposiciones no se opongan a lo dispuesto en la LCSP.
— Real Decreto 817/2009, de 8 de mayo, de desarrollo parcial de la Ley de Contratos del Sector Público, siempre que sus disposiciones no se opongan a lo dispuesto en la LCSP.

3. Enlaces de utilidad

— Junta Consultiva de Contratación Pública. Ministerio de Hacienda www.minhap.gob.es/.../Contratacion/
— Tribunal de Cuentas. www.tcu.es

— Plataforma de Contratación del Sector Público: www.contrataciondelestado.es/wps/portal/plataforma
— Observatorio de Contratación Pública. www.obcp.es/
— Tribunal Administrativo Central de Recursos Contractuales www.minhap.gob.es/es-ES/Servicios/Contratacion/TACRC
— Tribunal Administrativo de Recursos Contractuales de la Junta de Andalucía: www.juntadeandalucia.es/.../contratacion/tribunal_adm/tribunal.htm
— Plataforma de Contratación de la Junta de Andalucía: http://www.juntadeandalucia.es/contratacion/MainMenuProfile.action
— Tribunal Administrativo de Contratos Públicos de Aragón: www.aragon.es/TribunalAdministrativo
— Oficina Independiente de Regulación y Supervisión de la Contratación. https://www.hacienda.gob.es/es-ES/Oirescon/Paginas/HomeOirescon.aspx

4. Preguntas clave

a) Fundamentos constitucionales y de Derecho europeo en materia de contratación pública.

b) Origen y evolución del Derecho europeo de contratación pública.

c) Derecho interno en vigor. Evolución normativa en materia de contratación pública.

d) Reparto de competencias entre el Estado y las Comunidades Autónomas.

e) Finalidades que persigue la LCSP. Ámbito objetivo de aplicación.

f) Sujetos o partes de la relación pública contractual:

— Entes contratantes. Ámbito subjetivo de aplicación de la LCSP.
— Órganos competentes para celebrar los contratos. Órgano de contratación.
— El contratista. Aptitud para contratar con el sector público. Capacidad, solvencia económica, financiera y profesional.

g) Tipos o clases de contratos del sector público. Régimen jurídico al que quedan sometidos.

h) Impugnación, revisión y control de las actuaciones contractuales del sector público:

— Revisión de oficio.
— Recurso especial en materia de contratación.
— Recursos administrativos.
— Régimen de invalidez de los contratos del sector público.
— Revisión por la jurisdicción contencioso-administrativa y la jurisdicción civil.

i) Organización administrativa para la gestión de la contratación:

— Órganos competentes en materia de contratación en el ámbito estatal.
— Órganos de asistencia técnica especializada. Mesa de contratación.

— Órganos consultivos en materia de contratación del sector público.
— Registros Oficiales.
— Gestión de la publicidad contractual por medios electrónicos.

5. Test de autoevaluación

1. *Qué principios jurídicos vertebran la actuación contractual pública:*

a) El principio de proporcionalidad y equilibrio entre las partes.
b) Exclusivamente el principio de confianza legítima de las partes.
c) El principio de lealtad institucional.
d) Los principios de publicidad, concurrencia, igualdad y no discriminación, objetividad y transparencia.

2. *La regulación contractual pública persigue, entre otros objetivos:*

a) Que el contrato se adjudique al precio ofertado más bajo.
b) Que el contrato se adjudique al empresario que ejecute de forma más rápida las obras y servicios, y dote al ente contratante de los bienes y productos más económicos.
c) Eliminar requisitos y exigencias para las partes contratantes.
d) La salvaguarda de la libre competencia y la selección de la oferta económicamente más ventajosa.

3. *La normativa contractual pública (LCSP) incluye la regulación:*

a) Exclusivamente el régimen jurídico de los contratos administrativos.
b) Exclusivamente las disposiciones normativas aplicables a los contratos celebrados por poderes adjudicadores.
c) Exclusivamente los contratos celebrados por las Administraciones Públicas.
d) De los contratos onerosos, cualquiera que sea su naturaleza jurídica, celebrados por los entes, organismos y entidades del sector público español.

4. *La regulación contractual pública (LCSP) se aplica en su nivel máximo:*

a) A los contratos administrativos especiales.
b) A los contratos administrativos celebrados por las Administraciones Públicas.
c) A los contratos administrativos de obras, suministro, servicios, concesión de obra y concesión de servicios.
d) A los contratos celebrados por poderes adjudicadores no considerados Administración Pública.

5. *La regulación contractual pública (LCSP) se aplica en su nivel medio o parcial:*

a) A los contratos mixtos.

b) A los contratos celebrados por los entes, organismos y entidades del sector público no considerados poderes adjudicadores.

c) A los contratos celebrados por poderes adjudicadores no considerados Administración Pública.

d) A los contratos administrativos de obras, suministro, servicios, concesión de obra y concesión de servicios.

6. *La regulación contractual pública (LCSP) se aplica en su nivel más flexible:*

a) Exclusivamente a las asociaciones constituidas por los entes, organismos y entidades del sector público.

b) A los contratos privados celebrados por poderes adjudicadores.

c) A los contratos privados del sector público celebrados por entes, organismos o entidades no considerados Administraciones Públicas ni poderes adjudicadores.

d) A los contratos privados celebrados por las Administraciones Públicas.

7. *Podrán contratar con el sector público:*

a) Todos los contratistas y las empresas europeas interesadas en el contrato.

b) Los contratistas debidamente clasificados y las empresas españolas válidamente constituidas.

c) Las personas naturales o jurídicas que tengan plena capacidad de obrar, cuenten con la solvencia económica, financiera, técnica y profesional exigida, no estén incursas en una prohibición de contratar o, en los casos que así lo exija la Ley, estén debidamente clasificadas.

d) Las empresas que pertenezcan a la Organización Mundial del Comercio.

8. *En la LCSP tienen la consideración de contratos administrativos:*

a) Todos los contratos celebrados por las Administraciones Públicas.

b) Los contratos celebrados por los poderes adjudicadores.

c) Los contratos celebrados por los entes, organismos o entidades del sector público.

d) Los contratos de obra, concesión de obra, concesión de servicios, suministro y servicios celebrados por los entes que gocen de la consideración legal de Administración Pública.

9. *En la LCSP tienen la consideración de contratos privados del sector público:*

a) Los contratos celebrados por particulares cuando estén totalmente subvencionados con presupuestos públicos.

b) Exclusivamente los contratos celebrados por particulares cuando estén mayoritariamente subvencionados con presupuestos públicos.

c) Exclusivamente los contratos celebrados por entes públicos sometidos al derecho privado.

d) Los contratos celebrados por poderes adjudicadores no considerados Administración Pública y por los demás entes, organismos y entidades del sector público no considerados Administraciones Públicas ni poderes adjudicadores, así como los contratos privados celebrados por las Administraciones Públicas.

10. *Son contratos sujetos a regulación armonizada:*

a) Los que superan determinadas cuantías económicas sea quien sea el sujeto contratante y el objeto contractual.
b) Los contratos sujetos a una regulación más flexible.
c) Los contratos cuyo objeto pretende conseguir importantes prestaciones.
d) Los contratos que por razón del ente contratante, el objeto contractual y la cuantía de su presupuesto quedan vinculados plenamente a las directrices normativas de la Unión Europea.

V. ACTIVIDADES COMPLEMENTARIAS

Actividad 1

Concrete la consideración legal del ente contratante, la clase de contrato, el régimen jurídico a aplicar y la jurisdicción a la que quedan sometidos los siguientes contratos:

— La sociedad municipal Madrid Espacios y Congresos, de capital exclusivamente público, que interviene en el mercado organizando fiestas y determinados eventos de ocio, celebra un contrato con un presupuesto de 45.000 euros.
— ADIF (Administrador de Infraestructuras Ferroviarias), entidad pública empresarial dependiente del Ministerio de Transportes, celebra un contrato para construir las vías de alta velocidad con un presupuesto de 150 millones de euros.
— La Delegación de Educación de la Junta de Andalucía necesita construir una nueva sede en la provincia de Granada con un presupuesto de tres millones de euros. Una vez construido el edificio es necesario equiparlo con el material necesario para ejercer la labor que tiene encomendada, para lo que cuenta con un presupuesto de 300.000 euros. Para ahorrar tiempo y medios económicos el órgano de contratación decide celebrar un solo contrato.
— La UGR celebra un contrato para reparar los radiadores de la Facultad de Derecho con un presupuesto de 10.000 euros.
— La Fundación Española para la Ciencia y Tecnología, dependiente del Ministerio de Ciencia e Innovación, de capital exclusivamente público necesita recabar los servicios de un experto informático para instalar una página web presupuestada en dos millones de euros.

Si en lugar de celebrar el contrato la Fundación Española para la Ciencia y la Tecnología lo celebrara el Ministerio de Ciencia e Innovación, ¿cambiarían la tipología y el régimen jurídico del contrato?

Actividad 2

El contrato de servicios y el contrato de concesión de servicios tienen una denominación muy parecida, pero su objeto y régimen jurídico es distinto. Concrete de forma clara el concepto, el objeto y el régimen jurídico, resaltando las similitudes y diferencias de ambos tipos de contratos, incluyendo algún ejemplo práctico.

Actividad 3

Realizar un esquema claro y preciso de la estructura y contenido de la LCSP, teniendo en cuenta al ente contratante, las distintas fases contractuales y el régimen jurídico previsto para los distintos tipos de contratos del sector público, así como los posibles controles a los que quedan sometidos.

LECCIÓN 2

DISPOSICIONES GENERALES, OBJETO Y PRECIO. LAS GARANTÍAS, PREPARACIÓN, ADJUDICACIÓN Y FORMALIZACIÓN DE LOS CONTRATOS DEL SECTOR PÚBLICO

M. Asunción Torres López
Catedrática de Derecho Administrativo
Universidad de Granada

I. PALABRAS CLAVE

Objeto del contrato. Libertad de pactos. Precio cierto. Revisión de precios. Garantías. Expediente contractual. Pliego de cláusulas administrativas. Pliego de prescripciones técnicas. Publicidad. Procedimientos de selección: abierto, restringido, negociado, diálogo competitivo, concurso de proyectos. Criterios de adjudicación. Oferta económica más ventajosa. Formalización.

II. OBJETIVOS

a) Aprender los requisitos del objeto del contrato para conocer el tipo de contrato a celebrar con las Administraciones Públicas y otros Entes del sector público.

b) Estudiar los procedimientos de selección del contratista y los criterios de adjudicación del contrato para aplicar el procedimiento correcto a seguir en la tramitación de los contratos.

c) Conocer la necesidad y significado de la formalización de los contratos.

III. CONTENIDO DOCENTE

1. Disposiciones generales de los contratos del sector público: el objeto y el precio del contrato

1.1. *Contratos administrativos-contratos privados*

Una vez estudiado el concepto de contrato público, después de conocer cuáles son los sujetos de la contratación del sector público, quién contrata (ente contratante), con quién contrata (contratista), su capacidad y solvencia y aptitud para contratar con el sector público, corresponde estudiar los requisitos del objeto del contrato, cómo ha de ser el objeto del contrato para ser válido. Nos referimos a las cuestiones generales que afectan a todo tipo de contrato, pues las peculiaridades de cada uno de ellos son tratadas en una lección específica.

Tal y como se ha hecho referencia en la anterior lección, conforme a los artículos 24 y siguientes de la LCSP, el objeto de los contratos del sector público puede tener carácter administrativo o carácter privado, y dependiendo del carácter que tenga el régimen jurídico aplicable al mismo será distinto, así como la jurisdicción competente para resolver los conflictos que se susciten.

Recordemos así que los contratos administrativos se rigen en primer lugar por la LCSP y disposiciones de desarrollo y supletoriamente por el resto de normas de Derecho Administrativo y, en su defecto, por las normas de Derecho Privado. Los contratos especiales se rigen, en primer lugar, por sus normas específicas. El orden jurisdiccional competente en ambos casos es el contencioso-administrativo. En el caso de los contratos privados se les aplica en cuanto a su preparación y adjudicación, en defecto de norma específica, la LCSP y disposiciones de desarrollo, supletoriamente el resto de normas de Derecho Administrativo y, en su defecto, las normas de Derecho privado, en función del sujeto contratante; mientras que en relación a los efectos y extinción de estos contratos se les aplica fundamentalmente el Derecho privado.

En cuanto al orden jurisdiccional competente, será el contencioso-administrativo quien conozca de los conflictos que se susciten en la preparación y adjudicación de los contratos privados de las Administraciones; además, respecto de los contratos sometidos a regulación armonizada, es competente el orden jurisdiccional contencioso-administrativo para conocer de las impugnaciones de las modificaciones basadas en el incumplimiento de lo establecido en los artículos 204 y 205 LCSP, cuando se entienda que dicha modificación debió ser objeto de nueva adjudicación de los contratos celebrados por los poderes adjudicadores que no sean Administración Pública. Finalmente, la competencia es también de este orden jurisdiccional para conocer de las cuestiones relativas a la preparación y adjudicación de los contratos de entidades del sector público que no sean poderes adjudicadores; y de las cuestiones relativas a la preparación, adjudicación y modificación de los contratos subvencionados referidos en el artículo 23 LCSP. Por otra parte, el orden jurisdiccional civil será el competente para resolver los conflictos que surjan entre las partes en relación con los efectos y extinción de los contratos privados, así como también de las cuestiones litigiosas relativas a la financiación privada del contrato de concesión de obra pública o de concesión de servicios, con excepción de las actuaciones en ejercicio de las obligaciones y potestades administrativas que le atribuyen a la Administración concedente, en las que el orden jurisdiccional competente será el contencioso-administrativo.

1.2. *El objeto y requisitos del contrato*

A) El principio de libertad de pactos

Una de las reglas básicas de la contratación en general (art. 1.255 CC) y de la contratación administrativa en particular es la contenida en el principio de libertad de pactos a que alude el artículo 34 LCSP: «en los contratos del sector público podrán incluirse cualesquiera pactos, cláusulas y condiciones». Si bien, la diferencia entre el ámbito privado y el público está en los límites de este principio, pues en el primero los límites de la autonomía de la voluntad se encuentran en las leyes, la moral y el orden público, mientras que en el segundo, además de ello, el artículo 34 dispone expresamente que tales pactos no podrán ser contrarios al interés público, al ordenamiento jurídico y a los principios de buena administración.

Por otra parte, el artículo 35 LCSP exige ciertos requisitos que necesariamente deben reunir los contratos del sector público, tales como la identificación de las partes; la acreditación de la capacidad de los firmantes para suscribir el contrato; la definición del objeto y tipo del contrato; la referencia a la legislación aplicable al contrato; el precio cierto o el modo de determinarlo; la duración del contrato; la enumeración de los documentos que integran el contrato; etc.; condiciones de recepción, entrega de las prestaciones y del pago; etc.

B) La definición del objeto del contrato

La Administración, la entidad contratante, es quien determina con carácter previo a la celebración del contrato, el contenido y el alcance de la prestación del contratista. Y lo hace en los denominados pliegos de cláusulas administrativas generales, los pliegos de cláusulas administrativas particulares y los pliegos de prescripciones técnicas. A su contenido y función nos referimos en el apartado tercero de esta lección correspondiente a la preparación de los contratos.

C) El contenido del objeto del contrato

El objeto del contrato, además de ser lícito y posible, como todo contrato, conforme a lo dispuesto en los artículos 1.271 y 1.272 CC, debe tener un contenido determinado (art. 99.1 LCSP), y ha de ser un contrato necesario para los intereses generales, lo que impide celebrar otros contratos distintos a aquellos que sean necesarios para el cumplimiento y realización de los fines institucionales del ente contratante y exige que el objeto y contenido de cada contrato sea el idóneo para satisfacer las necesidades que con él se pretende cubrir (art. 28.1 LCSP); ello debe constar con precisión en la documentación preparatoria del contrato, esto es, el ente contratante ha de indicar cuál es la naturaleza y extensión de las necesidades a que responde el contrato. La justificación de la necesidad del contrato, entra dentro del concepto de discrecionalidad administrativa, por lo que la falta de interés general o conveniencia al interés general del contrato debe justificarse. En este sentido, podríamos preguntarnos si la obtención de recursos financieros para las arcas públicas justifica en todo caso el interés general y por tanto la venta de inmuebles públicos, o bien puede encubrir un ánimo de lucro infundado. Con este ejemplo extremo, solo ponemos de manifiesto el margen amplio que se le permite a la Administración cuando ejecuta una competencia discrecional como es el caso: determinar la conveniencia y necesidad para el cumplimiento de sus fines institucionales, orientados siempre al interés general, de la celebración de un determinado contrato.

Por otra parte, siendo determinado y necesario el objeto del contrato, la Ley prohíbe el fraccionamiento del contrato con la finalidad de disminuir la cuantía del mismo, pues con ello se eludirían los requisitos de publicidad o los relativos al procedimiento de adjudicación que corresponda.

En ocasiones, el contrato sí admite un fraccionamiento, y, en tal caso, puede preverse la realización independiente de cada una de sus partes mediante su división en lotes, siempre que estos sean susceptibles de utilización o aprovechamiento separado y constituyan una unidad funcional. Además, también la Ley permite la contratación separada de prestaciones diferenciadas dirigidas a integrarse en una obra siempre y cuando gocen de una sustantividad propia que permita su ejecución de forma separada. La LCSP incentiva la división en lotes del objeto del contrato siempre que sea posible; en este sentido establece que el órgano de contratación solo podrá no dividir en lotes el objeto del contrato cuando existan motivos válidos, lo que debe justificarse debidamente en el expediente (art. 99.3 y 4 LCSP).

1.3. *El precio del contrato y la estimación de su importe*

A) El precio del contrato y la prohibición del pago aplazado

El contratista que contrata con la Administración se compromete a la realización de una determinada prestación, según el tipo de contrato. El pago por esa prestación constituye el precio del contrato, para el que rige la regla del precio cierto. Los contratos del sector público tendrán siempre un precio cierto, que se abonará al contratista en función de la prestación realmente ejecutada y de acuerdo con lo pactado (art. 102.1 LCSP). En algunos casos no se le exige a la Administración que abone un precio en dinero al contratista, así en los supuestos en los que la remuneración al contratista lo es con cargo a las tarifas que pagan los usuarios.

La regulación del presupuesto base de licitación, el valor estimado y el precio se encuentran en los artículos 100 a 102 LCSP. De acuerdo con ella, la retribución del contratista en los contratos del sector público es un precio cierto expresado en euros; si bien, cabe la posibilidad de que el pago se haga mediante la entrega de otras contraprestaciones en aquellos casos en que lo permita la LCSP u otras leyes.

También es posible que la totalidad o parte del precio sea satisfecho en moneda distinta del euro, debiendo en tal caso expresarse en la correspondiente divisa el importe que deba satisfacerse en esa moneda, incluyendo una estimación en euros del importe total del contrato. En concreto, la normativa determina que el precio del contrato se puede establecer:

1. A tanto alzado, para la totalidad de las prestaciones del contrato.
2. A tanto alzado, para una parte de las prestaciones del contrato.
3. Por precios unitarios, referidos a los distintos componentes de la prestación, o a las diferentes unidades que se entreguen o ejecuten.
4. Excepcionalmente, el precio se puede fijar con carácter provisional, cuando la ejecución del contrato deba iniciarse antes de que sea posible cuantificar el importe de unas prestaciones complejas, o cuando no exista información sobre el coste de prestaciones análogas, como vemos en el siguiente apartado (art. 102.7 LCSP).

En los contratos de las Administraciones Públicas no cabe el pago aplazado del precio, salvo en los casos en que el sistema de pago se establezca mediante la modalidad de arrendamiento financiero o de arrendamiento con opción de compra, y en los casos que autorice la LCSP u otra Ley. Ello es consecuencia del principio de legalidad presupuestaria; la Administración antes de contratar debe realizar la oportuna consignación presupuestaria que sea suficiente para atender el precio del contrato. Sí es posible el fraccionamiento del pago, como en el caso del contrato de obra.

B) La estimación del importe del precio. Los precios provisionales

El precio no puede ser el que discrecionalmente determine el contratista por la prestación o el ente contratante. En todo caso, al órgano de contratación corresponde la estimación correcta del importe, teniendo en cuenta el precio general del mercado, lo que hará en el momento de fijar el presupuesto de licitación y la aplicación, si procede, de las normas sobre ofertas con valores anormales o desproporcionados. El presupuesto base de licitación se corresponde con el límite máximo de gasto que en virtud del contrato puede comprometer el órgano de contratación, incluido el Impuesto sobre el Valor Añadido (IVA) (art. 100.1 LCSP).

Las normas para el cálculo del valor estimado según el tipo de contrato se contienen en el artículo 101 LCSP, que diferencia entre los contratos de obras, suministros y servicios de concesión de obras y de concesión de servicios; los contratos de suministro cuyo objeto sea el arrendamiento financiero, el arrendamiento o la venta a plazos de productos; los contratos de suministro o de servicios que tengan un carácter de periodicidad, o de contratos que se deban renovar en un periodo de tiempo determinado; los contratos de servicios, diferenciando los servicios de seguros, los servicios bancarios y otros servicios financieros, los contratos relativos a un proyecto.

En todo caso, el valor estimado de los contratos se determina por el importe total, sin incluir el IVA, y en el cálculo del importe total estimado, se tendrá en cuenta cualquier forma de opción eventual y las eventuales prórrogas del contrato. Se incluye, si así está previsto, la cuantía de las primas o pagos a efectuar a los licitadores. Así como también, cuando esté prevista la modificación del contrato, se considerará valor estimado del contrato el importe máximo que este pueda alcanzar, teniendo en cuenta el total de las modificaciones al alza previstas.

La estimación se hará siempre teniendo en cuenta los precios habituales en el mercado y se ha de referir al momento del envío del anuncio de licitación, o, en caso de no ser este necesario, al momento en que el órgano de contratación inicie el procedimiento de adjudicación del contrato.

Por otra parte, respecto de la posibilidad de celebrar contratos con precios provisionales, se admite en los casos de procedimiento negociado, diálogo competitivo o procedimiento de asociación para la innovación, si bien con carácter excepcional, solo cuando tras la tramitación del procedimiento se pone de manifiesto que la ejecución del contrato debe comenzar antes de que la determinación del precio sea posible, y ello debe justificarse por ciertas circunstancias, que son:

1. Por la complejidad de las prestaciones.
2. Por la necesidad de utilizar una técnica nueva.
3. Porque no existe información sobre los costes de prestaciones análogas y sobre los elementos técnicos o contables que permitan negociar con precisión un precio cierto.

En estos casos, el precio se concreta en función de los costes en que realmente incurra el contratista y del beneficio acordado, dentro de los límites fijados para el precio máximo. Además, en los contratos con precios provisionales no cabe la revisión de precios.

C) El derecho de cobro

El derecho de cobro corresponde al contratista y la Administración está obligada a abonar el precio del contrato si este se ha cumplido satisfactoriamente. Luego puede ocurrir que la Administración entienda que no se ha cumplido satisfactoriamente el contrato, lo que repercutirá en el precio a pagar por un incumplimiento defectuoso.

Se permite la transmisión a tercero de este derecho de cobro, conforme a lo dispuesto en el artículo 200 LCSP, siendo imprescindible la notificación a la Administración del acuerdo de cesión, a los efectos de que pueda expedir el mandamiento de pago a favor del cesionario.

D) La revisión del precio del contrato

Uno de los principios básicos de la contratación pública es el del equilibrio económico del contrato, de modo que a la prestación determinada le corresponde el adecuado precio establecido al inicio. Si bien, circunstancias sobrevenidas durante la ejecución del contrato tras su celebración pueden alterar ese equilibrio económico y, como consecuencia, pueden hacer surgir la obligación jurídica de restablecerlo. En todo caso, corresponde al interesado probar la concurrencia de tales circunstancias que justifican la revisión de precios.

Una vez fijado el precio del contrato, este podrá ser revisado, permitiéndose, además, que los contratos puedan incluir cláusulas de variación de precios, siempre que su naturaleza y objeto lo permita, ello en función del cumplimiento de determinados objetivos de plazos o de rendimiento. En este sentido, es conveniente la diferenciación entre los conceptos de revisión, variación y actualización de precios:

— La revisión de precios se produce por circunstancias externas y ajenas a las partes del contrato.

— La variación de precios se produce por causas internas al cumplimiento o ejecución del contrato; pretende, en cierto sentido, premiar la diligencia del contratista, así el artículo 102.6 LCSP dispone que «los contratos, cuando su naturaleza y objeto lo permitan, podrán incluir cláusulas de variación de precios en función del cumplimiento o incumplimiento de determinados objetivos de plazos o de rendimiento, debiendo establecerse con precisión los supuestos en que se producirán estas variaciones y las reglas para su determinación, de manera que el precio sea determinable en todo caso».

— La actualización de precios puede proceder cuando en el proceso de selección y adjudicación del contrato se incumple el calendario de plazos legalmente establecido y, como consecuencia, antes de la ejecución se rompe el equilibrio económico del contrato inicialmente previsto. La causa es la misma que en la revisión de precios, esto es, la variación de los costes que debe soportar el contratista. Si bien el momento en el que se produce la alteración es distinto, pues en la actualización de precios la variación es anterior a la firma del contrato, mientras que en la revisión se produce en la ejecución del contrato.

La regulación de la revisión de precios en los contratos de las Administraciones Públicas se contiene en los artículos 103 a 105 LCSP. De acuerdo con esta normativa:

a) Supuestos en que procede la revisión de precios y sus límites

1. La revisión o actualización de los contratos del sector público procede conforme a lo establecido en esta norma; y salvo en los contratos no sujetos a regulación armonizada a los que se refiere el artículo 19.2 LCSP, no cabe la revisión periódica no predeterminada o no periódica de los precios de contratos.

2. La revisión periódica y predeterminada de precios solo es posible, previa justificación en el expediente, en los contratos de obra, en los contratos de suministros de fabricación de armamento y equipamiento de las Administraciones Públicas, en los contratos de suministro de energía y en los contratos en los que el periodo de recuperación de la inversión sea igual o superior a cinco años, conforme a lo dispuesto en la Ley 2/2015, de 30 de marzo, de desindexación de la econo-

mía española. En estos casos, el Consejo de Ministros podrá aprobar fórmulas tipo de revisión periódica y predeterminada, previo informe de la Junta Consultiva de Contratación Pública del Estado y de la Comisión Delegada del Gobierno para Asuntos Económicos.

3. En determinados supuestos, el órgano de contratación, teniendo en cuenta la naturaleza del contrato y la estructura y evolución de los costes de las prestaciones, podrá establecer el derecho de revisión periódica y predeterminada de precios, debiendo detallarse en el pliego de cláusulas administrativas particulares la fórmula de revisión aplicable.

4. La revisión periódica y predeterminada de precios procede cuando el contrato se hubiese ejecutado, al menos, en el 20 por 100 de su importe y hubiesen transcurrido dos años desde su formalización, salvo en los contratos de suministro de energía. Además, esta condición del porcentaje de ejecución no es exigible en los contratos de concesión de servicios.

b) La revisión en los casos de demora de la ejecución (art. 104 LCSP)

Cuando la cláusula de revisión se aplique sobre periodos de tiempo en los que el contratista hubiese incurrido en mora y sin perjuicio de las penalidades que fueren procedentes, los índices de precios que habrán de ser tenidos en cuenta serán aquellos que hubiesen correspondido a las fechas establecidas en el contrato para la realización de la prestación en plazo, salvo que los correspondientes al periodo real de ejecución produzcan un coeficiente inferior, en cuyo caso se aplicarán estos últimos.

c) El pago del importe de la revisión (art. 105 LCSP)

El importe de las revisiones que procedan se hará efectivo, de oficio, mediante el abono o descuento correspondiente en las certificaciones o pagos parciales a cuyo efecto se tramitará a comienzo del ejercicio económico el oportuno expediente de gasto para su cobertura. Los posibles desajustes que se produjeran respecto del expediente de gasto aprobado en el ejercicio, tales como los derivados de diferencias temporales en la aprobación de los índices de precios aplicables al contrato, se podrán hacer efectivos en la certificación final o en la liquidación del contrato.

2. Las garantías exigibles en la contratación del sector público

2.1. *Generalidades*

En la normativa de contratos ha sido una constante la exigencia al contratista de prestar garantías con el fin de poder celebrar un contrato con la Administración. El fundamento de la garantía es diverso según el tipo de garantía, pero con carácter general la garantía responde, bien del mantenimiento de las ofertas de los licitadores hasta la adjudicación del contrato o formalización del mismo; bien de la correcta ejecución de la prestación por el adjudicatario. Su régimen jurídico se establece en los artículos 106 a 114 LCSP.

La LCSP diferencia entre las garantías exigibles en los contratos celebrados con las Administraciones Públicas y las garantías exigidas en otros contratos del sector público.

2.2. *Garantías exigibles en los contratos celebrados con las Administraciones Públicas*

A) Garantía definitiva y garantía complementaria: concepto y cuantía, responsabilidades, forma, devolución y cancelación

En todos los contratos celebrados con las Administraciones Públicas es obligatoria la constitución de una garantía definitiva para los licitadores que presenten las mejores ofertas y que, con carácter general, consiste en un 5 por 100 del precio final ofertado por los mismos; si bien, cuando se trate de contratos con precios provisionales, el porcentaje se calcula con referencia al precio máximo. En ambos casos se excluye el IVA.

En los supuestos de concesión de obras y concesión de servicios el importe de esta garantía se fija en cada caso por el órgano de contratación en el pliego de cláusulas administrativas particulares.

Por otra parte, en los pliegos que rijan los acuerdos marco y los sistemas dinámicos de adquisición se determinará también si la garantía definitiva se fija estimativamente por la Administración o se fija para cada contrato según el importe de adjudicación. En estos casos, es posible incrementar la garantía definitiva en cuantía equivalente cuando la suma de los importes de los contratos basados en los acuerdos marco o sistemas dinámicos de adquisición exceda del doble de la cantidad resultante de capitalizar al 5 por 100 el importe de la garantía.

En los casos de contratos en los que, debido al riesgo que en virtud de los mismos asume el órgano de contratación, por su especial naturaleza, régimen de pago o condiciones del cumplimiento del contrato, el órgano de contratación puede establecer en el pliego de cláusulas administrativas particulares que, además de la garantía definitiva, se preste una garantía complementaria de hasta un 5 por 100 del precio final ofertado por el licitador que presentó la mejor oferta, excluido el IVA, pudiendo alcanzar la garantía total un 10 por 100 del precio referido.

También es posible que el órgano de contratación exima de la obligación de constitución de la garantía definitiva al adjudicatario, debidamente justificado en el pliego de cláusulas administrativas particulares, atendidas las circunstancias concurrentes en el contrato, así por ejemplo en casos de suministros de bienes consumibles o cuando el objeto del contrato sea la prestación de servicios sociales; pero en ningún caso será posible en los contratos de obras ni de concesión de obras.

La garantía definitiva responde en concreto de la obligación de formalizar el contrato en plazo; de las penalidades impuestas al contratista conforme al artículo 192 LCSP; de la correcta ejecución de las prestaciones del contrato; de la incautación que pueda decretarse en casos de resolución; y en los contratos de obras, de servicios y de suministros la garantía responde de la existencia de vicios o defectos de los bienes construidos o suministrados o de los servicios prestados durante el plazo de garantía previsto.

En cuanto a la forma de prestar la garantía se admite en efectivo o en valores de Deuda Pública a depositar en la Caja General de Depósitos o en sus sucursales, o equivalentes de las Comunidades Autónomas o entidades locales contratantes; mediante aval; mediante contrato de seguro o caución; además, si así se prevé en los pliegos de cláusulas administrativas particulares, en los contratos de obras, suministros, servicios y concesión de servicios en los que las tarifas las abone la Administración contratante, puede constituirse mediante retención en el precio.

El licitador obligado a la constitución de la garantía definitiva debe acreditar la constitución de la misma; en caso de incumplimiento por causas imputables al empresario, la Administración no efectuará la adjudicación a su favor. Y si el contrato se modifica y hay variación en el precio, la garantía debe reajustarse en un plazo de quince días desde la fecha de notificación al empresario del acuerdo de modificación.

Finalmente, una vez que se haya producido el vencimiento del plazo de garantía y cumplido satisfactoriamente el contrato o resuelto este sin culpa del contratista, será devuelta o cancelada la garantía. El plazo para adoptar y notificar al interesado el acuerdo de devolución es de dos meses a contar desde la finalización del plazo de garantía.

B) Garantía provisional

La regla general es que en el procedimiento de contratación no procede exigir una garantía provisional, salvo cuando de forma excepcional el órgano de contratación lo considere necesario por motivos de interés público y lo justifique razonadamente en el expediente.

La garantía provisional responde del mantenimiento de las ofertas de los licitadores hasta la perfección del contrato y su importe lo determina el órgano de contratación en los pliegos de cláusulas administrativas particulares hasta un máximo del 3 por 100 del presupuesto base de licitación del contrato, con exclusión del IVA. En dichos pliegos también se determina el régimen de su devolución.

Las formas de prestación son las mismas que la de la garantía definitiva y deben depositarse en la Caja General de Depósitos o en sus sucursales o equivalentes de las Comunidades Autónomas o entidades locales; o ante el órgano de contratación cuando se trate de certificados de inmovilización de valores anotados, de avales o de certificados de seguro de caución.

En cuanto a su extinción, es automática y será devuelta a los licitadores inmediatamente después de la perfección del contrato; en el caso del adjudicatario, podrá aplicar el importe de la garantía provisional a la definitiva.

2.3. *Garantías exigibles en otros contratos del sector público*

El órgano de contratación puede exigir la prestación de una garantía a los licitadores o candidatos, para responder del mantenimiento de sus ofertas hasta la adjudicación y, en su caso, formalización del contrato, o al adjudicatario, para asegurar la correcta ejecución de la prestación.

El importe de esta garantía y el régimen de su devolución o cancelación los establece el órgano de contratación teniendo en cuenta las circunstancias y características del contrato y podrán prestarse por cualquiera de las formas admitidas en los contratos con las Administraciones Públicas, sin ser necesaria la constitución en la Caja General de Depósitos. En todo caso, no podrán superar los límites establecidos del 3 por 100, para la garantía provisional, o del 5 por 100 para la garantía definitiva.

2.4. *Las garantías prestadas por terceros y preferencia en la ejecución de garantías*

La LCSP permite que entidades o personas distintas del contratista presten garantías a favor de este. En tal caso, el avalista o asegurador se consideran parte interesada en los procedimientos que afecten a la garantía prestada, conforme a la legislación en materia de procedimiento administrativo común.

En cuanto a la preferencia en la ejecución de las garantías, sean definitivas o provisionales, es la Administración contratante quien la tiene frente a cualquier otro acreedor. Si la garantía no es suficiente para cubrir las responsabilidades a que está afecta, la Administración procederá al cobro de la diferencia por el procedimiento de apremio.

3. La preparación de los contratos. El expediente contractual. Los pliegos de contratación

La Administración Pública o ente contratante del sector público que decide celebrar un contrato sometido a la LCSP debe hacerlo con el inicio de un expediente de contratación en el que se justifica la necesidad de celebrar el contrato para el interés público, se define el objeto del contrato y se prevé la existencia de presupuesto para su celebración. Tras la preparación del contrato se procede a la adjudicación del mismo. La LCSP prevé la posibilidad de que los órganos de contratación realicen estudios de mercado y consultas a los operadores económicos con el fin de preparar correctamente la licitación e informarles acerca de sus planes y de los requisitos para concurrir al procedimiento (art. 115 LCSP).

De modo que todo contrato exige la tramitación del expediente de contratación que inicia el órgano de contratación, debiendo motivar adecuada y suficientemente la necesidad e idoneidad para el interés público de la celebración del contrato. A través del expediente de contratación se hacen efectivos los principios esenciales de la contratación pública: publicidad, concurrencia, igualdad, transparencia y confidencialidad. En el expediente se incorporan los pliegos en los que la Administración determina las cláusulas y condiciones que rigen el contrato, así como el presupuesto del gasto y las prescripciones técnicas particulares, en su caso, para proceder a la correcta ejecución del contrato. La regulación se establece en los artículos 116 a 120 LCSP.

Debemos tener en cuenta la STC 68/2021, de 18 de marzo, por la que se resuelve un recurso de inconstitucionalidad interpuesto por el Gobierno de Aragón y se enjuicia determinados aspectos formales de delimitación de competencias entre la legislación básica estatal en materia de contratación pública (al amparo del art. 149.18.ª CE) y la potestad de organización interna de las Comunidades Autónomas. El Tribunal Constitucional aplica su doctrina sobre la legislación básica en materia de contratación pública y la relacionada con la potestad autonómica de autoorganización y declara nulos determinados preceptos de la LCSP por haber invadido las competencias autonómicas de autoorganización. Ello afecta, entre otros, a los artículos 122 o 125, así como al artículo 154.

3.1. *Clases de expediente de contratación*

La LCSP permite tres modalidades de tramitación del expediente de contratación: la tramitación ordinaria, la tramitación urgente y la tramitación de emergencia.

A) La tramitación ordinaria (arts. 116 y 117 LCSP)

El órgano de contratación inicia el expediente de contratación a través de un acuerdo en el que justifica la necesidad e idoneidad del contrato y debe ser publicado en el perfil del contratante; es imprescindible que exista una necesidad de la Administración que requiera la celebración del contrato a través del cual se le dará satisfacción, con unas prestaciones que deben tener una relación directa, clara y proporcional con el objeto del contrato. En el mismo expediente debe justificarse, además, la elección del procedimiento de licitación, la clasificación exigida a los participantes; los criterios de solvencia técnica o profesional y económica y financiera; los criterios para la adjudicación del contrato; y también el valor estimado del contrato, incluyendo todos los conceptos que lo integran.

Por otra parte, si la ejecución del contrato implica cesión de datos por parte de entidades del sector público al contratista, en el expediente debe constar con claridad la finalidad del tratamiento de los datos cedidos.

Una vez iniciado el expediente, se incorporarán al mismo los siguientes documentos:

a) El pliego de cláusulas administrativas particulares.

b) El pliego de prescripciones técnicas.

c) Si el contrato se va a adjudicar por el procedimiento de diálogo competitivo los documentos anteriores serán sustituidos por el documento descriptivo y en los casos de procedimientos para adjudicar contratos basados en acuerdos marco se incorporará al expediente el documento de licitación.

d) Respecto de la incorporación al expediente del certificado de la existencia de crédito presupuestario, o documento equivalente que acredite la existencia de financiación en el caso de entidades del sector público estatal con presupuesto estimativo; así como la fiscalización previa de la intervención, exigida en el segundo párrafo del apartado tercero del artículo 116 LCSP, ha declarado el Tribunal Constitucional en la Sentencia de 2021 referida al inicio, que no tiene carácter básico, por lo que se estará a lo que, en su caso, dispongan las Comunidades Autónomas en el marco de sus competencias.

e) Justificación de la elección del procedimiento y la de los criterios a tener en cuenta para la adjudicación del contrato.

Una vez completado el expediente de contratación, se dicta resolución motivada por el órgano de contratación por la que se aprueba el expediente y dispone la apertura del procedimiento de adjudicación. La aprobación del expediente implica la aprobación del gasto, salvo el supuesto excepcional de los contratos cuyos proyectos o presupuestos no hayan podido ser establecidos previamente o que las normas de desconcentración o el acto de delegación hubiesen establecido lo contrario, en cuyo caso deberá recabarse la aprobación del órgano competente. Esta resolución debe publicarse en el perfil del contratante.

B) La tramitación urgente del expediente (art. 119 LCSP)

Aquellos contratos cuya celebración responda a una necesidad inaplazable o cuya adjudicación sea preciso acelerar por razones de interés público podrán ser objeto de una tramitación urgente que supone que el expediente se tramita con algunas especialidades.

Tras la STC de 2021, es de aplicación directa a todas las Comunidades Autónomas la reducción a la mitad de los plazos establecidos en la LCSP para la licitación, adjudicación y formalización del contrato, salvo los plazos referidos expresamente en la Ley [art. 119.2.*b*) LCSP]. Respecto de las otras especialidades que se contemplan en los apartados *a*) y *c*) del mismo artículo 119, no tienen carácter básico, por lo que se estará a lo que disponga la legislación de las Comunidades Autónomas en el marco de sus competencias en cuanto a los plazos. Dichas especialidades consisten en:

1. La preferencia para su despacho por los órganos que intervengan en la tramitación, con un plazo de cinco días, para tramitar los respectivos informes o cumplimentar los trámites correspondientes. El plazo se podrá prorrogar hasta

diez días cuando así lo determine la complejidad del expediente o causa justificada [art. 119.2.*a*) LCSP].

2. El plazo de inicio de la ejecución del contrato no podrá ser superior a un mes, contado desde su formalización [art. 119.2.*c*) LCSP].

C) La tramitación de emergencia (art. 120 LCSP)

En los casos en los que la Administración tenga que actuar de modo inmediato a causa de acontecimientos catastróficos, de situaciones que supongan grave peligro o de necesidades que afecten a la defensa nacional, se aplica el siguiente régimen excepcional:

1. El órgano de contratación no tiene la obligación de tramitar expediente administrativo y podrá ordenar la ejecución de lo necesario para remediar el acontecimiento producido o satisfacer la necesidad sobrevenida, o contratar libremente su objeto, en todo o en parte, sin sujetarse a los requisitos formales establecidos en la normativa, incluso el de la existencia de crédito suficiente.
2. Si el contrato ha sido celebrado por la Administración General del Estado, sus Organismos autónomos, entidades gestoras y servicios comunes de la Seguridad Social o demás entidades públicas estatales, se dará cuenta de dichos acuerdos al Consejo de Ministros en el plazo máximo de treinta días.
3. Una vez ejecutadas las actuaciones objeto de este régimen excepcional, se procederá conforme a lo previsto en la LCSP sobre cumplimiento de los contratos, recepción y liquidación de la prestación.
4. El plazo de inicio de la ejecución de las prestaciones no podrá ser superior a un mes, contado desde la adopción del acuerdo por el órgano de contratación. Si se excediese este plazo se seguirá la tramitación ordinaria.

D) La tramitación de los contratos menores (art. 118 LCSP)

La tramitación del expediente de los contratos menores solo exige la aprobación del gasto y la incorporación al mismo de la factura correspondiente, con los requisitos exigidos reglamentariamente, con el correspondiente informe del órgano de contratación motivando la necesidad del contrato. Además, en el contrato menor de obras, debe añadirse el presupuesto de las obras, sin perjuicio de que deba existir el correspondiente proyecto cuando normas específicas así lo requieran. Del mismo modo se debe solicitar el informe de supervisión requerido cuando el trabajo afecte a la estabilidad, seguridad o estanqueidad de la obra.

Por otra parte, la Ley exige que se justifique que no se está alterando el objeto del contrato para evitar la aplicación de las reglas generales de contratación, así como que el contratista no ha suscrito más contratos menores que individual o conjuntamente superen el importe del contrato menor (40.000 euros en contrato de obras; 15.000 euros en contratos de suministros o servicios).

3.2. *Los pliegos de contratación*

La LCSP contempla tres tipos de pliegos de contratación:

A) Los pliegos de cláusulas administrativas generales.
B) Los pliegos de cláusulas administrativas particulares.
C) Los pliegos de prescripciones técnicas.

A) Los pliegos de cláusulas administrativas generales (art. 121 LCSP)

Los pliegos de cláusulas administrativas generales establecen condiciones generales de la contratación que se aplican a todos los contratos en los que sea parte la Administración Pública, lo que permite cierta uniformidad en el contenido de los contratos que esta celebre. Tienen carácter facultativo y corresponde aprobarlos a las Administraciones de carácter territorial para su utilización en todos los contratos que se celebren tanto por la Administración territorial como por la Administración instrumental correspondiente. En el ámbito de la Administración General del Estado corresponde aprobarlos al Consejo de Ministros, previo dictamen del Consejo de Estado, a propuesta del ministro de Hacienda y Función Pública y a iniciativa de los ministerios interesados.

El contenido de estos pliegos ha de ajustarse a la LCSP y sus disposiciones de desarrollo. Tienen una función supletoria del contenido del contrato, pudiendo ser modificados por los pliegos de cláusulas administrativas particulares, que no están vinculados al contenido de los pliegos generales. Si bien, en tal caso, la Junta Consultiva de Contratación Administrativa del Estado debe informar con carácter previo todos los pliegos particulares en que se proponga la inclusión de estipulaciones contrarias a los correspondientes pliegos generales.

B) Los pliegos de cláusulas administrativas particulares (art. 122 LCSP)

El pliego de cláusulas administrativas particulares es el documento que establece los pactos y condiciones que definen los derechos y obligaciones de las partes del contrato, así como los demás requisitos exigidos por la LCSP y sus disposiciones de desarrollo para celebrar un contrato. En el caso de los contratos mixtos, se detalla el régimen jurídico aplicable a sus efectos, cumplimiento y extinción, teniendo en cuenta las diferentes prestaciones a que se refieren.

Los pliegos de cláusulas administrativas particulares se aprueban por el órgano de contratación con carácter previo a la autorización del gasto o conjuntamente con ella, y siempre antes de la licitación del contrato o, de no existir esta, antes de su adjudicación. El órgano de contratación podrá también aprobar modelos de pliegos particulares para determinadas categorías de contratos de naturaleza análoga.

En todo caso, los contratos han de ajustarse al contenido de los pliegos particulares, cuyas cláusulas se consideran parte integrante de los mismos. La Jurisprudencia ha destacado reiteradamente que el Pliego de Cláusulas Administrativas Particulares (PCAP) constituye la ley del contrato, con fuerza vinculante para las partes. De modo que, ante cualquier diferencia entre el PCAP y el contrato u otro documento del expediente, se resuelve a favor de la aplicación del PCAP. Y esta vinculación de las partes contratantes al PCAP determina que la Administración no pueda desconocerlo, en contra de sus propios actos, sin revisar en vía administrativa o jurisdiccional los mismos.

El contenido general del PCAP incluye los pactos y condiciones que tenga por conveniente siempre que no sean contrarios al interés público, al ordenamiento jurídico o a los principios de buena administración. Y, en concreto, deben incluirse los siguientes datos recogidos en el apartado segundo del artículo 122 que será de aplicación plena a la Administración General del Estado, al haber declarado el Tribunal Constitucional que este apartado no es conforme con el orden constitucional de competencias:

— Los criterios de solvencia y adjudicación del contrato.
— Las consideraciones sociales, laborales y ambientales que se establezcan como criterios de solvencia, de adjudicación o como condiciones especiales de ejecución.
— Los pactos y condiciones definidores de los derechos y obligaciones de las partes del contrato.
— La previsión de cesión del contrato, salvo que no sea posible.
— La obligación del adjudicatario de cumplir las condiciones salariales de los trabajadores.
— Las demás previstas en la LCSP y su normativa de desarrollo.

Debe precisarse que de dicho apartado segundo tiene carácter básico los incisos relativos a la necesidad de incluir «los pactos y condiciones definidores de los derechos y obligaciones de las partes del contrato» y «en el caso de contratos mixtos, se detallará el régimen jurídico aplicable a sus efectos, cumplimiento y extinción, atendiendo a las normas aplicables a las diferentes prestaciones fusionadas en ellos» [FJ 7.A).*d*) STC 68/2021], de manera que las Comunidades Autónomas podrán legislar como estimen oportuno conforme al marco constitucional de competencias.

Por otra parte, en los casos de incumplimiento o de cumplimiento defectuoso de la prestación se podrán establecer penalidades en estos pliegos.

En el ámbito de la Administración del Estado, la aprobación de los PCAP es una competencia del órgano de contratación y a la Junta Consultiva de Contratación Pública del Estado le corresponde informar con carácter previo todos los PCAP en que se proponga la inclusión de estipulaciones contrarias a los correspondientes pliegos generales (apartados 5 y 6 del art. 122 LCSP que no tienen carácter de legislación básica).

C) Los pliegos de prescripciones técnicas generales y particulares (arts. 123 y 124 LCSP)

Los pliegos de condiciones técnicas generales son los documentos que contienen las prescripciones técnicas generales y que podrá establecer el Consejo de Ministros, a propuesta del Ministro correspondiente y previo informe de la Junta Consultiva de Contratación Pública del Estado, y a los que en todo caso debe ajustarse la Administración General del Estado, sus Organismos Autónomos, Entidades Gestoras y Servicios Comunes de la Seguridad Social y demás entidades que gocen de la condición de Administración Pública integrante del sector público estatal. Los artículos 123 y 124 no tienen carácter básico, ello derivado de la STC 68/2021.

Los pliegos de prescripciones técnicas particulares son los documentos que contienen las prescripciones específicas que hayan de regir la realización de la prestación y definan sus calidades, sus condiciones sociales y ambientales, de acuerdo con los requisitos que para cada contrato establece la normativa. Estos pliegos han de aprobarse por el órgano de contratación con carácter previo a la autorización del gasto o conjuntamente con ella, y siempre antes de la licitación del contrato o, de no existir esta, antes de su adjudicación.

El artículo 126 LCSP determina las reglas para el establecimiento de las prescripciones técnicas que, en todo caso, se definirán teniendo en cuenta, en la medida de lo posible, criterios de accesibilidad universal y de diseño para todos y, siempre que el objeto del contrato afecte o pueda afectar al medio ambiente, aplicando criterios de sostenibilidad y protección ambiental. En caso de no ser posible deberá motivarse suficientemente esta circunstancia. Además, las prescripciones técnicas deben permitir el acceso en condiciones de igualdad de los licitadores.

La LCSP contempla la definición de determinadas prescripciones técnicas; así, la especificación técnica según el tipo de contrato; la norma; la evaluación técnica europea; la especificación técnica común o la referencia técnica [art. 125 LCSP; precepto declarado no conforme con el orden constitucional de competencias, FJ 7.A).*e*) STC 68/2021]. Asimismo, regula el concepto de etiquetas, definido como cualquier documento, certificado o acreditación que confirme que las obras, productos, servicios, procesos o procedimientos de que se trate cumplen determinados requisitos.

Además, el artículo 129 contempla la información pertinente sobre las obligaciones relativas a la fiscalidad, protección del medio ambiente, empleo y condiciones laborales y de contratar a un porcentaje específico de personas con discapacidad.

4. Procedimientos y criterios de adjudicación

4.1. *El principio de publicidad*

Junto a los principios de igualdad, de transparencia y de confidencialidad (arts. 132 y 133 LCSP), el principio de publicidad es esencial en la contratación pública, y preside el proceso de selección del contratista y adjudicación del contrato.

Los principios de igualdad y transparencia exigen una licitación pública o adjudicación de los contratos mediante procedimientos en concurrencia que deben ser resueltos de forma objetiva evitando cualquier favoritismo por razón de la nacionalidad o cualquier otra condición subjetiva (excepciones cláusulas ambientales y sociales y adjudicaciones directas para escasas cuantías). La transparencia debe acompañar toda la tramitación del procedimiento desde su inicio, incluyendo la aprobación y control del gasto y la publicidad de las licitaciones, hasta su finalización o adjudicación para facilitar impugnaciones. El principio de confidencialidad impide a los órganos de contratación divulgar la información facilitada por los empresarios y que estos hayan designado como confidencial (secretos técnicos y comerciales y otros aspectos de la oferta).

Las exigencias de publicidad en la contratación pública se manifiestan en (art. 135 LCSP):

1. El anuncio de licitación para la adjudicación de los contratos de las Administraciones Públicas que, salvo los procedimientos negociados sin publicidad, será publicado en el perfil del contratante. Además, en los contratos celebrados por la Administración General del Estado o por las entidades vinculadas a la misma con carácter de Administración Pública, el anuncio de licitación se publicará en el *BOE*.
2. Además de lo anterior, cuando los contratos estén sujetos a regulación armonizada, la licitación debe publicarse en el *Diario Oficial de la Unión Europea* (*DOUE*). En otro caso, si el órgano de contratación lo estima conveniente, los procedimientos para la adjudicación de contratos de obras, suministros, servicios, concesiones de obras y concesiones de servicios no sujetos a regulación armonizada podrán ser anunciados, también en el *DOUE*.
3. En los contratos de concesión de servicios especiales de anexo IV la convocatoria de licitación se realizará mediante anuncio de información previa publicado en el *DOUE* y en el perfil del contratante.

4.2. *Los procedimientos de selección del contratista*

Tras la preparación del contrato a través del expediente de contratación, procede la oportuna convocatoria del procedimiento público y competitivo para seleccionar al licitador que será el adjudicatario del contrato.

No existe discrecionalidad para elegir el tipo de procedimiento a seguir en cada caso. La adjudicación se realiza utilizando una pluralidad de criterios de adjudicación que se basan en el principio de mejor relación calidad-precio y utilizando el procedimiento abierto o restringido, salvo los contratos de concesión de servicios especiales del Anexo IV, que se adjudicarán por el restringido; mientras que en los supuestos de los artículos 167 y 168 se podrá seguir un procedimiento negociado con publicidad y sin publicidad, y en los casos previstos en el artículo 172 el procedimiento de diálogo competitivo; finalmente, en los casos del artículo 177 se podrá emplear el procedimiento de asociación para la innovación.

La adjudicación de los contratos menores será directa a cualquier empresario con capacidad de obrar y siempre que acredite la solvencia profesional necesaria.

Cuando se trate de contratos relativos a la prestación de asistencia sanitaria en supuestos de urgencia y con un valor estimado inferior a 30.000 euros, basta con que, además de justificar la urgencia, se determine el objeto de la prestación, se fije el precio a satisfacer por la asistencia y se designe por el órgano de contratación la empresa a la que corresponderá la ejecución.

La LCSP distingue los siguientes procedimientos:

A) Procedimiento abierto

La regulación del procedimiento abierto ha sido modificada por la disposición adicional 40.ª de la Ley 11/2020, de 30 de diciembre, de Presupuestos Generales del Estado para 2021, y esta modificación afecta a los siguientes artículos: artículo 32 LCSP, relativo a los encargos de los poderes adjudicadores a medios propios personificados; artículo 159 LCSP, relativo al procedimiento abierto simplificado; y artículo 321 LCSP, relativo a la adjudicación de contratos de las entidades del sector público que no tengan el carácter de poderes adjudicadores.

En este procedimiento la Administración hace una oferta pública destinada a cualquier interesado en la adjudicación del contrato. Todo interesado que reúna los requisitos de solvencia y capacidad exigidos podrá presentar su oferta, quedando excluida toda negociación de los términos del contrato con los licitadores. La regulación se establece en los artículos 156 a 158 LCSP, en los que se concretan los plazos para la presentación de proposiciones, el examen de las proposiciones, la propuesta de adjudicación y la adjudicación, que deberá hacerse en el plazo de quince días cuando el único criterio a tener en cuenta sea el precio, a contar a partir del día siguiente al de apertura de las proposiciones; o en el plazo de dos meses cuando se tengan en cuenta una pluralidad de criterios. Estos plazos pueden ser distintos cuando así lo establezca el pliego de cláusulas administrativas particulares.

En los contratos de obras cuyo valor estimado sea igual o inferior a 2.000.000 de euros y en los contratos de suministros y de servicios cuyo valor estimado sea inferior a las cantidades establecidas en los artículos 21.1, letra *a*), y 22.1, letra *a*), de la LCSP, respectivamente, o a sus correspondientes actualizaciones, el órgano de contratación podrá acordar la utilización de un procedimiento abierto simplificado, siempre que entre los criterios de adjudicación previstos en el pliego no haya ninguno evaluable mediante juicio de valor o, de haberlos, no supere el 25 por 100 del total, salvo que el contrato tenga por objeto prestaciones de carácter intelectual en que su ponderación no podrá superar el 45 por 100 del total. Su regulación se establece en el artículo 159 LCSP, siendo suficiente la publicación del anuncio de licitación en el perfil del contratante y que toda la documentación necesaria para la presentación de la oferta esté disponible por medios electrónicos. Por otra parte, este mismo artículo, en su apartado 6, permite que en los contratos de obras de valor estimado inferior a 80.000 euros, y en los contratos de suministros y de servicios de valor estimado inferior a 60.000 euros (exceptuando aquellos cuyo objeto sean prestaciones de carácter intelectual), la tramitación del procedimiento abierto simplificado se haga de forma abreviada; lo que en la práctica se ha convertido en la tramitación habitual del contrato menor, al ser muy bajas las cuantías económicas. Así, en estos casos, se exige un plazo de presentación de proposiciones no inferior a diez días hábiles, o, en los supuestos de compras corrientes de bienes disponibles en el mercado, un plazo de cinco días hábiles; además, entre otras características de este procedimiento, se exime a los licitadores de la acreditación de la solvencia económica y financiera y técnica y profesional; y no se exige la constitución de garantía definitiva; pudiéndose formalizar el contrato mediante la firma de aceptación por el contratista de la resolución de adjudicación.

B) Procedimiento restringido

En el procedimiento restringido la Administración selecciona o invita a participar en la licitación a un número determinado de empresas (no menos de cinco) de entre las que lo soliciten, selección que se realizará en virtud de criterios objetivos de solvencia, que se hacen públicos al anunciarse el procedimiento. En este procedimiento se distinguen dos fases. Una primera fase en la que los interesados presentan un sobre con la acreditación de su capacidad y solvencia y, si superan este control, son invitados a la siguiente fase en la que presentan otro sobre con su oferta.

La regulación se establece en los artículos 160 a 165 LCSP.

C) Procedimiento con negociación

En determinados supuestos de contratación se sigue un procedimiento con negociación que implica que la adjudicación va a recaer en el licitador que se ha elegido justificadamente por el órgano de contratación una vez se han negociado las condiciones del contrato con uno o varios candidatos. En todo caso, en el pliego de cláusulas administrativas particulares se debe establecer: los aspectos económicos y técnicos objeto de negociación con las empresas; las necesidades de los órganos de contratación y las características exigidas para la prestación objeto del contrato; el procedimiento a seguir en la negociación con la garantía de la transparencia y publicidad; así como los elementos de la prestación objeto del contrato y criterios de adjudicación.

Los supuestos de aplicación de este tipo de procedimiento se regulan en los artículos 167 y 168 LCSP. Así como ejemplo, se aplica este procedimiento cuando la prestación objeto del contrato incluya un proyecto o soluciones innovadoras; cuando se trate de contratos de servicios sociales personalísimos; o cuando, en los procedimientos abiertos o restringidos seguidos previamente solo se hubieren presentado ofertas irregulares (esto es, que no correspondan a los pliegos de contratación, que se hayan recibido fuera de plazo, que muestren indicios de corrupción o que se hayan considerado anormalmente bajas por el órgano de contratación) o inaceptables (así, las ofertas presentadas por licitadores que no posean la cualificación requerida y las ofertas cuyo precio rebase el presupuesto del órgano de contratación tal y como se haya determinado y documentado antes del inicio del procedimiento de contratación).

Por otra parte, también es posible adjudicar contratos utilizando el procedimiento negociado sin publicidad, pero solo en los supuestos establecidos en el artículo 168 LCSP. Así, por ejemplo, en los contratos de obras, suministros, servicios, concesión de obras y concesión de servicios en los que no se haya presentado ninguna oferta, ninguna oferta adecuada, ninguna solicitud de participación o de participación adecuada en respuesta a un procedimiento abierto o restringido. O también, en los contratos de obras, suministros y servicios cuando una imperiosa urgencia resultante de acontecimientos imprevisibles para el órgano de contratación y no imputables al mismo, demande una pronta ejecución del contrato y no pueda aplicarse la tramitación de urgencia.

D) El diálogo competitivo

El diálogo competitivo es un procedimiento cuyo régimen jurídico se establece en los artículos 172 a 176 LCSP.

De acuerdo con el mismo, la mesa especial de diálogo competitivo da a conocer sus necesidades de contratación mediante un documento descriptivo y entabla después con cada una de las empresas que deseen tomar parte en el procedimiento un diálogo con el fin de desarrollar una o varias soluciones para satisfacer tales necesidades, que sirven de base para que los candidatos elegidos presenten una oferta.

El diálogo respetará la confidencialidad de las soluciones que se le proponen y permitirá a la Administración comparar las soluciones que se le ofrecen eligiendo una. Una vez elegida la solución la mesa propone el fin del diálogo, las soluciones a adoptar e invitará a todos los participantes a que presenten una oferta final basada en su solución o soluciones viables especificadas durante la fase de diálogo.

El órgano de contratación puede establecer en el documento descriptivo primas o compensaciones para todos o algunos participantes en el diálogo, con el fin de fomentar la participación de las empresas que puedan ofrecer las soluciones más apropiadas o innovadoras.

E) Procedimiento de asociación para la innovación

Se trata de un procedimiento cuyo objetivo es el desarrollo de productos, servicios u obras innovadoras y la compra ulterior de los suministros, servicios u obras resultantes, siempre que correspondan a los niveles de rendimiento y a los costes máximos acordados entre los órganos de contratación y los participantes. Su regulación se establece en los artículos 177 a 182 LCSP.

En las asociaciones para la innovación, cualquier empresario podrá presentar una solicitud de participación en respuesta a una convocatoria de licitación. A los efectos de seleccionar a los candidatos, el órgano de contratación aplicará criterios objetivos de solvencia relativos a la capacidad de los candidatos en los ámbitos de la investigación y del desarrollo, así como en la elaboración y aplicación de soluciones innovadoras. Únicamente los empresarios a los que invite el órgano de contratación tras evaluar la información solicitada podrán presentar proyectos de investigación e innovación.

La asociación para la innovación se estructura en fases sucesivas que van desde el proceso de investigación e innovación hasta la fabricación de los productos, la prestación de servicios o la realización de las obras.

F) Concurso de proyectos

El concurso de proyectos es el procedimiento previsto para la adquisición de planos o proyectos en el campo del urbanismo, la arquitectura, la ingeniería o el procesamiento de datos, principalmente, en el que la selección se confía a un jurado. En realidad, es un contrato de servicios con ese objeto. El jurado que resuelve está compuesto por personas físicas cualificadas que deciden con absoluta autonomía. El jurado redacta un informe final conforme a los criterios de adjudicación y emite una propuesta que el órgano de contratación solo puede rechazar motivadamente. Su régimen jurídico se establece en los artículos 183 a 188 LCSP.

4.3. *Sistemas para la racionalización técnica de la contratación*

La LCSP, con el fin de racionalizar y ordenar la adjudicación de contratos masivos de las Administraciones Públicas, prevé los siguientes procedimientos: los acuerdos marco, los sistemas dinámicos y las centrales de contratación.

A) El acuerdo marco

La entidad contratante puede celebrar acuerdos marco con uno o varios contratistas, con una duración no superior a cuatro años, para determinar las condiciones a que habrán de ajustarse los contratos que se les vayan a adjudicar durante ese plazo.

El o los contratistas se seleccionan por los procedimientos ordinarios (abierto o restringido). Da lugar a una pluralidad de contratos a celebrar con posterioridad y establece sus términos, sobre todo en lo que a precios y cantidades se refiere, evitándose así la reiteración de contratos en serie con un objeto similar (arts. 219 a 222 LCSP).

B) Sistemas dinámicos de adquisición

El sistema dinámico es una variante del procedimiento restringido que se tramita electrónicamente. Es útil para contratos en serie (obras, servicios y suministros de uso corriente). Una vez publicado el anuncio correspondiente, durante el plazo que esté vigente (máximo cuatro años), cualquier interesado puede presentar por medios electrónicos una oferta indicativa que puede ser mejorada en cualquier momento. Se acepta o no su oferta. Si se acepta, queda admitido al sistema dinámico de adquisición.

Para cada contrato específico a que se refiera el Pliego, la Administración invita a presentar ofertas concretas a los licitadores admitidos en el sistema y solo a ellos, adjudicando el contrato a la mejor oferta. Las proposiciones se harán conforme al modelo aprobado en los Pliegos de cláusulas particulares e irán acompañadas de la documentación legalmente exigible. Las proposiciones son secretas y se presentan en sobres cerrados o plicas que no se abren hasta el acto público de adjudicación. Cada licitador solo puede presentar una proposición, aunque podrá presentar variantes o alternativas si está previsto. La presentación supone la aceptación del contenido de los pliegos (arts. 223 a 226 LCSP).

C) Centrales de contratación

El sistema centralizado se regula en los artículos 227 a 230 LCSP y consiste en la especialización de un órgano de contratación, en el que se centraliza la adjudicación y gestión de algunos contratos específicos y concretos. Solo se aplica a los contratos de obras, servicios y suministros siempre y cuando tengan características esencialmente homogéneas y se celebren de forma masiva o generalizada.

4.4. *La adjudicación del contrato*

A) Los criterios de adjudicación del contrato

Sea cual sea el procedimiento de selección que se aplique, el órgano de contratación ha de determinar en el anuncio, en los pliegos particulares o en el documento descriptivo, los criterios que sirvan de base para la adjudicación del contrato. La adjudicación de los contratos se hará utilizando una pluralidad de criterios basados en la mejor relación calidad-precio, previa justificación en el expediente. En todo caso, estos criterios han de ser objetivos y estar directamente vinculados al objeto del contrato.

El artículo 145 LCSP alude a los siguientes criterios económicos y cualitativos:

1. La calidad (valor técnico, características estéticas y funcionales, accesibilidad, diseño universal, características sociales, medioambientales e innovadoras, comercialización).
2. El precio o un planteamiento basado en la rentabilidad, como el coste del ciclo de vida, que es un criterio necesario relacionado con los costes que debe acompañar a los criterios cualitativos.
3. La organización, cualificación y experiencia del personal adscrito al contrato.
4. El servicio posventa y la asistencia técnica y condiciones de entrega.

Cuando solo se utilice un criterio de adjudicación, este ha de estar relacionado con los costes, pudiendo ser el precio o un criterio basado en la rentabilidad, como el coste del ciclo de vida calculado conforme a lo dispuesto en el artículo 148 LCSP. Los criterios elegidos y su ponderación se indicarán en el anuncio de licitación, en caso de que deba publicarse.

Para mantener la objetividad, tendrán preferencia aquellos criterios de adjudicación que hagan referencia a características del objeto del contrato que puedan valorarse mediante cifras o porcentajes obtenidos a través de la mera aplicación de las fórmulas establecidas en los pliegos, cuya elección tendrá que justificarse en el expediente.

En el pliego de cláusulas administrativas particulares o en el documento descriptivo debe precisarse la ponderación relativa atribuida a cada uno de los criterios de valoración, salvo que el único a tener en cuenta sea el precio; y si no es posible hacer esta ponderación, los criterios se enumerarán por orden decreciente de importancia.

También podrá el órgano de contratación precisar en el pliego criterios de adjudicación específicos en casos de empate entre dos o más ofertas; la Ley se refiere, entre otros, a las proposiciones presentadas por empresas que tengan en su plantilla un porcentaje de trabajadores con discapacidad superior al exigido legalmente; o proposiciones presentadas por empresas que incluyan medidas de carácter social o laboral que favorezcan la igualdad de oportunidades entre hombres y mujeres.

B) Las ofertas anormalmente bajas (art. 149 LCSP)

En los casos en los que el único criterio a tener en cuenta en la adjudicación del contrato sea el del precio, las ofertas no podrán tener un carácter desproporcionado o anormal, teniendo en cuenta los parámetros objetivos que se establezcan reglamentariamente, por referencia al conjunto de ofertas válidas presentadas.

Si son varios los criterios de valoración, los pliegos podrán establecer parámetros objetivos en función de los cuales se aprecie que la proposición no puede ser cumplida como consecuencia de la inclusión de valores anormales o desproporcionados.

En caso de apreciarse que una proposición es desproporcionada o anormal, el licitador que la ha presentado deberá justificar la valoración de la oferta y precisar las condiciones de la misma. El órgano de contratación valorará si la justificación realizada es aceptable o, en su caso, si considera que la oferta no puede ser cumplida, la excluirá de la clasificación.

C) Presentación de las ofertas por los interesados (arts. 136 a 142 LCSP)

El órgano de contratación fija el plazo de recepción de ofertas y solicitudes de participación teniendo en cuenta el tiempo que razonablemente pueda ser necesario para prepararlas. En todo caso, las proposiciones han de ajustarse a lo dispuesto en el pliego de cláusulas administrativas particulares, y su presentación implica la aceptación incondicionada por el empresario del contenido del pliego en su totalidad.

Las proposiciones son secretas y así se debe garantizar a través de los medios que lo permitan hasta el momento de la licitación pública, sin perjuicio de lo establecido legalmente en los casos de subasta electrónica, diálogo competitivo o procedimiento de asociación para la innovación en cuanto a la información que ha de facilitarse a los participantes en cada caso. Cada licitador solo puede presentar una proposición, sin perjuicio de la admisibilidad de variantes o mejoras; y de la presentación de nuevos precios o valores en el ámbito de una subasta electrónica.

En el procedimiento abierto y en los procedimientos restringidos, de licitación con negociación, en el diálogo competitivo y en el de asociación para la innovación las proposiciones o solicitudes de participación se acompañan de una declaración responsable ajustada al formulario de documento europeo único de contratación, en la que el licitador pone de manifiesto que:

1. La sociedad está válidamente constituida y que puede presentarse a la licitación conforme a su objeto social.
2. Cuenta con la correspondiente clasificación o cumple con los requisitos de solvencia exigidos por la normativa.
3. No está incursa en prohibición para contratar.
4. La designación de una dirección de correo electrónico a efectos de notificaciones, si tal circunstancia está debidamente recogida en el pliego de cláusulas administrativas particulares.

Además de esta declaración responsable, las empresas extranjeras, cuando el contrato se ejecute en España, deben aportar una declaración de sometimiento a la jurisdicción de los juzgados y tribunales españoles de cualquier orden.

D) La subasta electrónica (art. 143 LCSP)

La subasta electrónica supone invitar a todos los licitadores que han presentado ofertas admisibles, ya sea en procedimientos abiertos, restringidos o licitaciones con negociación, a presentar por medios electrónicos mejoras en los precios o nuevos valores de los elementos de sus ofertas iniciales; se articula como un proceso electrónico repetitivo que tiene lugar tras una primera evaluación completa de las ofertas. En todo caso, las prestaciones que constituyen el objeto del contrato no han de tener carácter intelectual, como los servicios de ingeniería, consultoría y arquitectura.

El cierre de la subasta se fija por referencia a uno o varios criterios: bien mediante el señalamiento de una fecha y hora concretas; atendiendo a la falta de presentación de nuevos precios o nuevos valores; o bien, por finalización del número de fases establecido en la invitación a participar en la subasta. Concluida la subasta, el contrato se adjudica conforme a lo dispuesto en el artículo 155 LCSP.

4.5. *Los contratos de otros entes del sector público*

Junto al régimen general de adjudicación de contratos aplicable a las Administraciones Públicas, la LCSP diferencia entre las normas aplicables a los contratos de los poderes adjudicadores que no tengan el carácter de Administración Pública (arts. 316 a 320 LCSP) y las normas aplicables a los contratos de las entidades del sector público que no tengan el carácter de poderes adjudicadores (arts. 321 a 322 LCSP).

Cuando se trate de contratos sujetos a regulación armonizada se aplican las mismas normas que para las Administraciones Públicas.

Respecto de los contratos no sujetos a regulación armonizada, los efectos y extinción de los contratos que celebren los poderes adjudicadores que no tengan la condición de Administración Pública se rigen por las normas de Derecho privado, salvo la normativa de contratos reguladora, entre otros aspectos, de las obligaciones en materia medioambiental, social o laboral; de las condiciones especiales de ejecución; de los supuestos de racionalización técnica de la contratación.

Respecto de la adjudicación de contratos de las entidades del sector público que no tengan el carácter de poderes adjudicadores, la Ley prevé una serie de reglas basadas en la aprobación por el órgano competente de unas instrucciones que regulen los procedimientos de contratación y en las que quede garantizada la efectividad de los principios de publicidad, concurrencia, transparencia, confidencialidad, igualdad y no discriminación, así como que los contratos se adjudiquen a quienes presenten la mejor oferta. En determinados casos, es posible que el órgano competente de la entidad adjudique el contrato sin aplicar las instrucciones; así, los contratos en los que proceda la adjudicación directa.

5. La formalización del contrato (art. 153 LCSP)

Una vez dictado y notificado el acto de adjudicación del contrato, debe procederse a la formalización del contrato. El plazo para ello se indicará tanto en el perfil de contratante como en la notificación del acto de adjudicación. Para la ejecución del contrato no es suficiente con la constitución de la garantía definitiva por el adjudicatario, sino que es necesaria su formalización en un documento administrativo, que permitirá el acceso a cualquier registro público, pudiendo elevarse a escritura pública si así lo quiere el contratista que correrá con los gastos. La formalización produce la perfección del contrato.

El contrato no podrá ejecutarse sin la previa formalización del mismo, salvo los supuestos en los que se siga la tramitación de emergencia.

Si el contrato es susceptible de recurso especial en materia de contratación, no se podrá formalizar hasta que no pasen quince días hábiles desde la notificación de la adjudicación a los licitadores y candidatos. Las Comunidades Autónomas podrán ampliar hasta un mes este plazo.

En caso de no formalizarse el contrato dentro del plazo establecido por causas imputables al adjudicatario, se le exigirá el importe del 3 por 100 del presupuesto base de licitación, con exclusión del IVA, en concepto de penalidad, que se hará efectivo contra la garantía definitiva si se hubiera constituido. En caso de que se deba a causas imputables a la Administración, esta deberá indemnizar al contratista de los daños y perjuicios que la demora le ocasione.

IV. MATERIALES DIDÁCTICOS

1. Bibliografía específica

Bastardo Yustos, F.: «Límites a la inclusión de los costes de mano de obra en la revisión de precios de los contratos del sector público», *Contratación administrativa práctica: Revista de la contratación administrativa y de los contratistas*, n.º 171, 2021.

Batet Jiménez, M. P.: «La preparación del contrato: consultas preliminares y preparación de pliegos», en *Contratación local tras la Ley de Contratos del Sector Público 9/2017* (coord., Moreno Molina, J. A.), CEMCI, Granada, 2019.

— «La preparación del contrato y la división de su objeto en lotes», *El Consultor de los Ayuntamientos*, n.º 23, 2017.

Candela Talavero, J. E.: «Los criterios de adjudicación en los contratos públicos», *Contratación administrativa práctica: Revista de la contratación administrativa y de los contratistas*, n.º 172, 2021.

Delgado Piqueras, F.: «El concurso de proyectos en la nueva Ley 9/2017, de contratos del sector público», *Revista Catalana de Dret Públic*, n.º 57, 2018.

Gimeno Feliú, J. M.: «Presupuestos Generales del Estado para 2021: Principales novedades en materia de Contratos del Sector Público», *Aranzadi digital*, n.º 1, 2021.

González Iglesias, M. A.: «Preparación de los contratos. El expediente», en *Manual de contratación del sector público* (dir. Terrón Santos, D.), Aranzadi Thomson Reuters, 2021.

Hernando Rydings, M.: «Procedimiento de licitación con negociación y diálogo competitivo», en *Tratado de contratos del sector público* (coord. Gallego Córcoles, I., Gamero Casado, E.), vol. 2 (tomo II), Tirant lo Blanch, 2018.

Junceda Moreno, J.: «Contratación administrativa. A vueltas con el contrato menor», *La Administración Práctica*, n.º 10, 2020.

Pintos Santiago, J.: «Las ofertas anormalmente bajas y el procedimiento abierto simplificado», *Revista Vasca de Administración Pública*, n.º 113, 2019.

Razquin Lizárraga, M. M.: «Los procedimientos de adjudicación con negociación», *Revista del Gabinete Jurídico de Castilla-La Mancha*, n.º Extra 1, 2019.

Román Márquez, A.: «Contratación pública ecológica y objeto del contrato. El diseño "verde" de las prestaciones contractuales en el derecho comunitario e interno», *Revista Aranzadi de Derecho Ambiental*, n.º 39, 2018.

Rubio Escobar, P. M.: «Objeto, presupuesto base de licitación, valor estimado, precio del contrato y su revisión. Garantías», en *Comentarios a la Ley de Contratos del Sector Público* (coord. Palomar Olmeda, A., Garcés Sanagustín, M., Vázquez Garranzo, J.), Wolters Kluwer, 2018.

Terrón Santos, D.: «La racionalización técnica en la contratación pública como alternativa a los contratos menores», *Revista Española de Derecho Administrativo*, n.º 196, 2019.

2. Normativa de referencia

— Ley 9/2017, de 8 de noviembre, de Contratos del Sector Público: artículos 106 a 114: Garantías exigibles en la contratación del sector público; artículos 115 a 130: Normas generales sobre la preparación de los contratos; artículos 131 a 155 y artículos 316 a 320: selección del contratista y adjudicación de los contratos; artículos 153 a 155: formalización de los contratos.

— Ley 11/2020, de 30 de diciembre, de Presupuestos Generales del Estado para 2021, disposición adicional 40.ª

3. Enlaces de utilidad

— Junta Consultiva de Contratación Administrativa del Estado: http://www.minhap.gob.es/es-ES/Servicios/Contratacion/Junta Consultiva de contratacion administrativa/informes/. A través de esta web se tiene acceso a otras Juntas Consultivas de Contratación Administrativa en las Comunidades Autónomas.

4. Preguntas clave

1. El objeto y requisitos del contrato.
2. El precio del contrato y la estimación de su importe.
3. El derecho de cobro y la revisión de precios del contrato.
4. Las garantías exigibles en la contratación del sector público: Generalidades.
5. Garantías exigibles en los contratos celebrados con las Administraciones Públicas.
6. Garantías exigibles en otros contratos del sector público y las garantías prestadas por terceros.
7. Clases de expedientes de contratación.
8. Los pliegos de cláusulas administrativas.
9. Los pliegos de prescripciones técnicas.
10. El principio de publicidad en la contratación pública.
11. Los procedimientos de selección del contratista.
12. Sistemas para la racionalización técnica de la contratación.
13. Los criterios de adjudicación del contrato.
14. Las ofertas anormalmente bajas.
15. La presentación de ofertas por los interesados y la subasta electrónica.
16. Los contratos de otros entes del sector público.
17. La formalización del contrato.

5. Test de autoevaluación

1. *En los contratos del sector público:*

a) Podrán incluirse cualesquiera pactos, cláusulas y condiciones sin más limitaciones que las establecidas en las leyes, la moral y el orden público.

b) Podrán incluirse cualesquiera pactos, cláusulas y condiciones, siempre que no sean contrarios al interés público, al ordenamiento jurídico y a los principios de buena administración.

c) Las respuestas *a*) y *b*) son correctas.

d) Puede incluirse excepcionalmente un acuerdo contrario al interés público en caso de catástrofe.

2. *En los contratos del sector público:*

a) El fraccionamiento del contrato solo está permitido cuando el fin sea disminuir la cuantía del mismo.

b) Está prohibido el fraccionamiento del contrato siempre.

c) Con carácter excepcional el contrato admite un fraccionamiento, debiendo justificarse debidamente en el expediente.

d) El órgano de contratación podrá no dividir en lotes el objeto del contrato cuando existan motivos válidos, debidamente justificados en el expediente, salvo en los casos de concesión de obras.

3. *La retribución del contratista en los contratos del sector público:*

a) Es un precio cierto expresado siempre en euros.

b) Es posible que el pago se haga mediante contraprestaciones distintas y también que la totalidad o parte del precio sea satisfecho en moneda distinta al euro.

c) Es un precio cierto que, en todo caso, fija el contratista.

d) Se puede expresar en dólares cuando el contratista tenga su sede en Estados Unidos.

4. *La revisión de precios:*

a) Procede cuando en el proceso de selección y adjudicación del contrato se incumple el calendario de plazos legalmente establecido y, como consecuencia, antes de la ejecución se rompe el equilibrio económico del contrato inicialmente previsto.

b) Procede en los casos en los que el pago del precio se concierte mediante el sistema de arrendamiento financiero o de arrendamiento con opción de compra.

c) Es posible siempre que el contrato se haya ejecutado, al menos, en el 20 por 100 de su importe y haya transcurrido un año desde su formalización.

d) No es posible en ningún caso.

5. *La garantía provisional:*

a) Responde del mantenimiento de las ofertas hasta la adjudicación del contrato y su importe no será superior a un 4 por 100 del presupuesto del contrato.

b) Solo es exigible con carácter excepcional por motivos de interés público.

c) Es la garantía que tiene que prestar el adjudicatario del contrato y su importe consiste en el 5 por 100 del presupuesto de adjudicación.

d) Es voluntaria para el contratista.

6. *La garantía definitiva:*

a) Es voluntaria para los licitadores en los contratos celebrados con otras entidades del sector público que no tengan la condición de Administración Pública.

b) Es obligatoria en todos los contratos celebrados con las Administraciones Públicas para los licitadores que presenten las mejores ofertas.

c) Es obligatoria en todos los contratos celebrados con las Administraciones Públicas para todos los licitadores que presenten ofertas.

d) Sustituye a la garantía global.

7. *El expediente de contratación:*

a) Por regla general, se inicia por el órgano de contratación a través de un acuerdo en el que justifica la necesidad e idoneidad del contrato.

b) Por regla general, solo exige la aprobación del gasto y la incorporación al mismo de la factura correspondiente.

c) Debe contener la declaración de urgencia hecha por el órgano de contratación, debidamente motivada.

d) Ha de contar con el visto bueno de la Comisión Europea.

8. *Los pliegos de cláusulas administrativas particulares:*

a) Establecen las condiciones generales de la contratación que se aplican a todos los contratos en los que sea parte la Administración Pública, lo que permite cierta uniformidad en el contenido de los contratos que esta celebre.

b) Establecen los pactos y condiciones que definen los derechos y obligaciones de las partes del contrato, así como los demás requisitos exigidos para celebrar un contrato por la LCSP y sus disposiciones de desarrollo.

c) Son los documentos que contienen las prescripciones técnicas particulares que hayan de regir la realización de la prestación y definan sus calidades, de acuerdo con los requisitos que para cada contrato establece la normativa.

d) Son redactados por el Consejo de Estado.

9. *Los procedimientos de selección del contratista pueden ser:*

a) Abierto, restringido, procedimiento con negociación, diálogo competitivo, procedimiento de asociación para la innovación y concurso de proyectos.

b) La mejor relación calidad-precio y el precio.

c) Los criterios medioambientales y de carácter social.

d) La solvencia técnica y profesional del contratista.

10. *La formalización del contrato:*

a) Se produce con la constitución de la garantía definitiva por el adjudicatario.

b) No es necesaria siempre y cuando el adjudicatario comience la ejecución del contrato inmediatamente después de la notificación del acuerdo de adjudicación.

c) Tiene lugar a través de un documento administrativo, que permitirá el acceso a cualquier registro público, pudiendo elevarse a escritura pública si así lo quiere el contratista que correrá con los gastos.
d) Se produce con la constitución de la garantía provisional.

V. ACTIVIDADES COMPLEMENTARIAS

ACTIVIDAD 1. *Determinación del procedimiento de selección del contratista.*

El estudiante debe concretar, con la argumentación adecuada, el tipo de contrato y el procedimiento de selección del contratista que proceda en los siguientes casos:

1. Renovación de la flota de helicópteros policiales de las Fuerzas y Cuerpos de Seguridad del Estado. El presupuesto estimado: 252.950.000 euros.
2. Contrato de consultoría o asistencia técnica por la Delegación Provincial de la Consejería de Justicia y Administración Pública de la Junta de Andalucía a la empresa «X» por un importe de 44.800 euros.
3. Contrato de gestión de servicio público de transporte escolar.
4. Contrato de suministro, entrega, transporte e instalación, en su caso, de material educativo con destino a centros docentes no universitarios por importe estimado de 90.000 euros.
5. Contrato cuyo objeto es la prestación de servicios energéticos en las instalaciones de alumbrado exterior del municipio X. Debe destacarse que el órgano de contratación no se encuentra capacitado para definir los medios técnicos adecuados para la prestación de este servicio.
6. Autorización por Resolución de la ministra de Medio Ambiente de 28 de abril de 2005 de la ejecución de obras para evitar la pérdida de plantaciones frutales de Canal de Aragón y Cataluña, por un importe máximo de 3.570.000 euros.
7. Contrato para la asistencia psicológica de los afectados por el accidente aéreo de Spanair en el aeropuerto de Barajas que tuvo lugar el 20 de agosto de 2008. Presupuesto de licitación de 60.000 euros.

Puede consultar para ello las siguientes sentencias:

— STS de 11 de noviembre de 2009, Recurso contencioso-administrativo núm. 188/2006.
— SAN de 16 de septiembre de 2009, Recurso contencioso-administrativo núm. 170/2008.
— Tribunal Superior de Justicia de Andalucía, Granada, Sentencia núm. 1.415/2012, de 30 de abril, Recurso contencioso-administrativo núm. 118/2004.
— STS de 15 de octubre de 2012, Recurso de Casación núm. 587/2010.
— STS de 18 enero de 2012, Recurso de Casación núm. 4.742/2008.
— SAN de 19 de diciembre de 2011, Recurso contencioso-administrativo núm. 459/2010.

El profesor podrá indicar otros supuestos.

ACTIVIDAD 2. *Sobre la determinación correcta de los criterios de adjudicación en el Pliego de Cláusulas Administrativas Particulares.*

El estudiante debe realizar un informe acerca de la forma en que el órgano de contratación debe expresar los criterios de adjudicación en el Pliego de Cláusulas Administrativas Particulares en los contratos de concesión de servicios, así como su correcta ponderación y valoración, a efectos de no infringir los principios de libre concurrencia, igualdad y no discriminación. Ello teniendo en cuenta lo dispuesto al respecto en la LCSP (arts. 121 a 127 y arts. 145 a 159) y su Reglamento y lo dispuesto en la Jurisprudencia, para lo cual debe seleccionar entre tres y cinco Sentencias del Tribunal Supremo o de Tribunales Superiores de Justicia sobre la materia, en las que el objeto del conflicto se sitúa en la nulidad de los Pliegos de Cláusulas Administrativas Particulares por este motivo. Como ejemplo, se cita la Sentencia del Tribunal Supremo de 5 de abril de 2013, Sala 3.ª (Recurso de Casación núm. 2.459/2011), por la que se confirma la sentencia de instancia y se anula el pliego, y los actos de aplicación del mismo, al entender que los criterios de valoración descritos impiden la real y efectiva competencia empresarial en la adjudicación de la concesión administrativa del servicio de transporte público regular y permanente y de uso general de viajeros por carretera.

ACTIVIDAD 3. *El fraccionamiento del objeto del contrato.*

El artículo 99 LCSP prohíbe el fraccionamiento del contrato con la finalidad de disminuir la cuantía del mismo y eludir así los requisitos de publicidad o los relativos al procedimiento de adjudicación que correspondan (apartado 2). Si bien, cuando el objeto del contrato admita fraccionamiento y así se justifique debidamente en el expediente, podrá preverse la realización independiente de cada una de sus partes mediante su división en lotes, siempre que estos sean susceptibles de utilización o aprovechamiento separado y constituyan una unidad funcional, o así lo exija la naturaleza del objeto; además, se podrán contratar por separado prestaciones diferenciadas dirigidas a integrarse en una obra cuando dichas prestaciones gocen de una sustantividad propia que permita una ejecución separada, por tener que ser realizadas por empresas que cuenten con una determinada habilitación (apartado 3).

En la práctica este es uno de los problemas que se puede plantear, esto es, determinar en el caso concreto la posibilidad o no de fraccionamiento del contrato. En esta actividad se pretende que el estudiante argumente y justifique en qué casos es posible el fraccionamiento del objeto del contrato y licitarlo por separado y en qué casos no es posible, sobre los supuestos concretos que el profesor le plantee.

Pueden tenerse en cuenta los informes de las Juntas Consultivas de Contratación Administrativa del Estado y de las Comunidades Autónomas, sobre fraccionamiento del contrato.

LECCIÓN 3

EJECUCIÓN Y EXTINCIÓN DE LOS CONTRATOS ADMINISTRATIVOS

FRANCISCA L. VILLALBA PÉREZ
Profesora Titular de Derecho Administrativo (Catedrática Acreditada)
Universidad de Granada

I. PALABRAS CLAVE

Ejecución, cumplimiento y extinción del contrato administrativo. Prerrogativas de la Administración. Equilibrio económico del contrato. Principio de riesgo y ventura. Responsabilidad del contratista. Cesión y subcontratación.

II. OBJETIVOS

a) Que el alumno conozca el régimen jurídico al que queda sometido la ejecución y la extinción de los contratos del sector público español.

b) Concretar las prerrogativas de la Administración Pública en la ejecución del contrato administrativo y el procedimiento que deberá seguir para ejercerlas.

c) Estudiar las cuestiones que pueden plantearse en relación a la modificación, resolución, declaración de nulidad, cesión, y subcontratación de los contratos administrativos.

III. CONTENIDO DOCENTE

1. EFECTOS DE LOS CONTRATOS ADMINISTRATIVOS (ARTS. 188 Y 189 LCSP)

Una vez formalizado el contrato es necesario proceder a su ejecución de conformidad con las condiciones estipuladas en los pliegos de cláusulas administrativas y de prescripciones técnicas, generales y particulares, o en el documento descriptivo que sustituya a estos, y dentro del plazo total fijado para su cumplimiento.

Los efectos de los contratos administrativos se regirán por establecido en la LCSP y sus normas de desarrollo, supletoriamente se aplicarán las restantes normas de derecho administrativo y, en su defecto, las normas de derecho privado. Así lo determina el artículo 25.2 LCSP al señalar que los contratos administrativos se regirán, en cuanto a su preparación, adjudicación, efectos, modificación y extinción, por esta Ley y sus disposiciones de desarrollo; supletoriamente se aplicarán las restantes normas de derecho administrativo y, en su defecto, las normas de derecho privado.

No obstante, a los contratos administrativos especiales se les aplicará, en primer término, sus normas específicas.

Hasta abril de 2016 la normativa europea sobre contratación pública no regulaba la fase de ejecución del contrato público, hoy, sin embargo, las Directivas 2014/24/UE y 2014/23/UE contemplan por primera vez una regulación acabada de la modificación, la subcontratación y la resolución del contrato.

Tradicionalmente en España los contratos administrativos siempre han contado y en la actualidad cuentan con una regulación detallada y exhaustiva de sus efectos, ejecución y extinción (arts. 189 a 315 LCSP). Por el contrario, la ejecución de los contratos celebrados por otros entes, organismos y entidades no considerados Administración Pública quedaba sometida al Derecho privado. Sin embargo, hoy, el artículo 319 LCSP, dedicado a los contratos celebrados por poderes adjudicadores que no pertenezcan a la categoría de Administraciones Públicas, establece que sus efectos y extinción se regirán por normas de Derecho privado. No obstante, les será aplicable el contenido de los siguientes artículos de la LCSP: 201 relativo a las obligaciones en materia medioambiental, social o laboral; 202 dedicado a las condiciones especiales de ejecución; 203 a 205 que contemplan los supuestos de modificación del contrato; 214 a 217 que regulan la cesión y subcontratación; y 218 a 228 sobre racionalización técnica de la contratación; así como las condiciones de pago establecidas en los apartados 4.º de los artículos 198 y 210 y en el apartado 1.º del artículo 243.

Los efectos, modificación y extinción de los contratos privados celebrados por las Administraciones Públicas se regirán por el derecho privado. No obstante, los contratos que mencionan los números 1.º y 2.º de la letra *a*) del artículo 25.1 LCSP les resultarán de aplicación los artículos de la LCSP relativos a las condiciones especiales de ejecución, modificación, cesión, subcontratación y resolución, cuando los contratos queden sujetos a regulación armonizada.

2. Ejecución de los contratos administrativos (arts. 192 a 207 LCSP)

Los contratos administrativos deberán ejecutarse a tenor del contenido de sus cláusulas, no obstante, los pliegos podrán prever penalidades para el caso de cumplimiento defectuoso de la prestación objeto de los mismos o para el supuesto de incumplimiento de los compromisos o de las condiciones especiales de ejecución del contrato. Estas penalidades serán proporcionadas a la gravedad del incumplimiento y las cuantías de cada una de ellas no podrán ser superiores al 10 por 100 del precio del contrato, ni el total de las mismas podrá superar el 50 por 100 del precio del contrato.

Las penalidades se impondrán por acuerdo del órgano de contratación, adoptado a propuesta del responsable del contrato si se hubiese designado, y será inmediatamente ejecutivo. Se harán efectivas mediante la deducción de las cantidades que, en concepto de pago total o parcial, deban abonarse al contratista o sobre la garantía que, en su caso, se hubiese constituido, cuando no puedan deducirse de los mencionados pagos.

El contratista queda obligado a cumplir el contrato dentro del plazo fijado para la realización del mismo, así como de los plazos parciales señalados para su ejecución sucesiva. La demora en la ejecución no precisará intimación previa por parte de la Administración.

Cuando el contratista, por causas imputables al mismo, hubiere incumplido parcialmente la ejecución de las prestaciones definidas en el contrato, la Administración podrá optar, atendidas las circunstancias del caso, por su resolución o por la imposición de las penalidades que para tales supuestos se determinen en el pliego de cláusulas administrativas particulares o en el documento descriptivo.

Si el contratista hubiere incurrido en demora respecto al cumplimiento del plazo total, la Administración podrá optar por la resolución del contrato o por la imposición de las penalidades diarias en la proporción de 0,60 euros por cada 1.000 euros del precio del contrato. El órgano de contratación podrá acordar la inclusión en el pliego de cláusulas administrativas particulares de penalidades distintas cuando, atendiendo a las especiales características del contrato, se considere necesario para su correcta ejecución y así se justifique en el expediente.

Cada vez que las penalidades por demora alcancen un múltiplo del 5 por 100 del precio del contrato, el órgano de contratación estará facultado para proceder a la resolución del mismo o acordar la continuidad de su ejecución con imposición de nuevas penalidades.

La Administración tendrá las mismas facultades respecto al incumplimiento por parte del contratista de los plazos parciales, cuando se hubiese previsto en el pliego de cláusulas administrativas particulares o cuando la demora en su cumplimiento haga presumir razonablemente la imposibilidad de cumplir el plazo total.

En los supuestos de incumplimiento parcial, cumplimiento defectuoso, o demora en la ejecución, en los que no esté prevista penalidad o que la misma no cubriera los daños causados, la Administración exigirá al contratista la indemnización por daños y perjuicios.

Ante una demora del contratista si la Administración optase por la resolución del contrato deberá acordarse por el órgano de contratación sin otro trámite preceptivo que la audiencia del contratista y, cuando este formule oposición, será necesario solicitar dictamen del Consejo de Estado u órgano consultivo equivalente de la Comunidad Autónoma respectiva.

Si el retraso fuese producido por motivos no imputables al contratista y este ofreciera cumplir sus compromisos si se le amplía el plazo inicial de ejecución, el órgano de contratación se lo concederá dándosele un plazo que será, por lo menos, igual al tiempo perdido, a no ser que el contratista pidiese otro menor. El responsable del contrato emitirá un informe en el que conste si el retraso fue producido por motivos imputables al contratista.

3. Prerrogativas de la Administración Pública en la ejecución de los contratos administrativos (arts. 190 y 191 LCSP)

Especifica el artículo 189 LCSP que los contratos administrativos deberán ejecutarse a tenor de sus cláusulas, sin perjuicio de las prerrogativas establecidas por la legislación en favor de las Administraciones Públicas.

La contratación administrativa se caracteriza en líneas generales por la existencia de fuertes singularidades basadas en la idea del contrato de adhesión y en las prerrogativas de la Administración cuyo fundamento es la consecución del interés público (Dictamen del Consejo de Estado 514/2006). Las prerrogativas de la Administración no son causa del contrato sino de la ley y, por tanto, no son expresión de un derecho subjetivo sino del ejercicio de una potestad atribuida *ex lege* a la Administración para atender a los intereses públicos. En compensación el contratista contará, en algunos casos, con mayores garantías derivadas del principio de mantenimiento equilibrio económico del contrato.

Dentro de los límites y con sujeción a los requisitos y efectos señalados en la LCSP, el órgano de contratación ostenta la prerrogativa de interpretar los contratos administrativos, resolver las dudas que ofrezca su cumplimiento, modificarlos por razones de interés público, declarar la responsabilidad imputable al contratista a raíz de la ejecución del contrato, suspender la ejecución del mismo, acordar su resolución y determinar los efectos de esta.

En los procedimientos para adoptar acuerdos relativos a las prerrogativas de la Administración Pública deberá darse audiencia al contratista.

En la Administración General del Estado, sus organismos autónomos, Entidades Gestoras y Servicios Comunes de la Seguridad Social y demás entes integrantes del sector público estatal, dichos acuerdos deberán ser adoptados previo informe del Servicio Jurídico correspondiente.

No obstante, será preceptivo el dictamen del Consejo de Estado u órgano consultivo equivalente de la Comunidad Autónoma respectiva en los siguientes casos:

a) La interpretación, nulidad y resolución de los contratos, cuando se formule oposición por parte del contratista.

b) Las modificaciones de los contratos cuando no estuvieran previstas en el pliego de cláusulas administrativas particulares y su cuantía, aislada o conjuntamente, sea superior a un 20 por 100 del precio inicial del contrato, y su precio sea igual o superior a 6.000.000 de euros.

c) Las reclamaciones dirigidas a la Administración con fundamento en la responsabilidad contractual en que esta pudiera haber incurrido, en los casos en que las indemnizaciones reclamadas sean de cuantía igual o superior a 50.000 euros. Esta cuantía se podrá rebajar por la normativa de la correspondiente Comunidad Autónoma (art. 191 LCSP).

— *Interpretación del contrato.* La Administración tiene la facultad de resolver las dudas que ofrezca el cumplimiento de los contratos e interpretarlos. El fundamento de esta potestad es evitar que las posibles discrepancias entre la Administración y el contratista puedan materializarse en perjuicio de los intereses generales. Este perjuicio puede ocurrir si advertidas las discrepancias quedara en suspenso la ejecución de la obra o la prestación del servicio hasta que fallase en firme el juez competente. Al no existir normas alternativas para la contratación administrativa, la interpretación debe ejercerse de acuerdo con las reglas previstas en los artículos 1.281 a 1.289 del Código Civil.

— *Dirección, inspección y control.* El poder de dirección y control de la Administración comprende la posibilidad de impartir órdenes e instrucciones de naturaleza ejecutoria al contratista, que debe cumplirlas bajo amenaza de sanciones previstas en el contrato o en el pliego de condiciones. El poder de dirección, inspección y control se manifiesta mediante la imposición de penalidades al contratista por incumplimientos contractuales. El órgano de contratación ostenta las facultades de inspección de las actividades desarrolladas por los contratistas durante la ejecución del contrato, en los términos y con los límites establecidos en la LCSP para cada tipo de contrato. En ningún caso dichas facultades de inspección podrán implicar un derecho general del órgano de contratación a inspeccionar las instalaciones, oficinas y demás emplazamientos en los que el contratista desarrolle sus actividades, salvo que tales emplazamientos y sus condiciones técnicas sean determinantes para el desarrollo de las prestaciones objeto del contrato. En tal caso, el órgano de contratación deberá justificarlo de forma expresa y detallada en el expediente administrativo (art. 190 LCSP).

— *Modificación del contrato.* El principio general de *pacta sunt servanda* se ve alterado cuando se modifica el contrato. La razón de ser o justificación de esta prerrogativa se encuentra en la satisfacción del interés público. No obstante, debe procurarse que los principios de publicidad y libre concurrencia queden desvirtuados lo menos posible, ya que cuando la modificación es sustancial, ha de interpretarse como una excepción al principio de libre concurrencia en la licitación, por lo que deberá interpretarse de modo restrictivo y de forma muy rigurosa (STJUE de 29 de abril de 2004, *Succhi di Frutta*). En ningún caso los órganos de contratación podrán introducir modificaciones que puedan alterar la naturaleza global del contrato inicial.

Se entiende alterada la naturaleza global del contrato cuando se sustituyen las obras, los suministros o los servicios que se van a adquirir por otros diferentes o se modifica el tipo de contrato. No se entenderá que se altera la naturaleza global del contrato cuando se sustituya alguna unidad de obra, suministro o servicio puntual.

Los contratos celebrados por las Administraciones Públicas y por los demás poderes adjudicadores podrán modificarse durante su vigencia hasta un máximo del 20 por 100 del precio inicial cuando en los pliegos de cláusulas administrativas particulares se hubiere advertido expresamente de esta posibilidad de forma clara, precisa e inequívoca (art. 204 LCSP).

Las modificaciones no previstas en los pliegos o en el anuncio de licitación solo podrán efectuarse cuando se justifique suficientemente la concurrencia de alguna de las circunstancias contempladas en el artículo 205 LCSP.

Cuando la modificación supere aislada o conjuntamente el 20 por 100 del precio inicial del contrato, dicho precio sea superior a 6.000.000 de euros, y no estuviese prevista en el pliego de cláusulas administrativas particulares, requiere la incoación de un expediente contradictorio con audiencia del contratista, informe del servicio jurídico correspondiente, y el preceptivo informe del Consejo de Estado u órgano consultivo equivalente de la Comunidad Autónoma (art. 191 LCSP).

— *Resolución unilateral y ejecutoria del contrato.* La resolución del contrato es la extinción anticipada por incumplimiento de una de las partes, lo que supone un medio de defensa para la parte cumplidora frente al incumplimiento de la otra parte, o frente a las alteraciones no justificadas de los términos pactados. La

LCSP reconoce a la Administración el poder de acordar la resolución del contrato y determinar sus efectos. Se trata de una potestad exorbitante de la Administración derivada del principio de autotutela administrativa que encuentra su justificación en la satisfacción del interés general. En virtud de ella, la Administración puede decidir ejecutoriamente sobre la perfección del contrato y su validez.

4. Principio de mantenimiento del equilibrio económico del contrato (arts. 270 y 290 LCSP)

Las prerrogativas o privilegios de la Administración tienen en los contratos administrativos una contrapartida a favor del contratista: el principio de equilibrio económico del contrato, que consiste en la compensación económica ante una mayor onerosidad de las prestaciones objeto del contrato. El contratista puede verse afectado por una medida tomada desde el interior del contrato (modificación del mismo), por una medida adoptada por la Administración Pública que por su carácter obligatorio pueda determinar de forma directa la ruptura sustancial de la economía del contrato, o ante circunstancias sobrevenidas imprevisibles en el momento en que tuvo lugar la licitación del contrato, que pueden ocasionar un desequilibrio contractual y alterar sustancialmente las condiciones de ejecución del contrato, poniendo en peligro su continuidad. En estas situaciones surge un conflicto entre el perjuicio al interés general que podría producir la rescisión del contrato y el restablecimiento de su economía para mantener su continuidad.

Especifica el artículo 290 LCSP que se deberá restablecer el equilibrio económico del contrato de concesión de servicios, en beneficio de la parte que corresponda, en los siguientes supuestos:

a) Cuando la Administración realice una modificación de las señaladas en los artículos 203-207 LCSP.

b) Cuando actuaciones de la Administración Pública concedente, por su carácter obligatorio para el concesionario, determinaran de forma directa la ruptura sustancial de la economía del contrato.

Fuera de estos casos, únicamente procederá el restablecimiento del equilibrio económico del contrato cuando causas de fuerza mayor determinen de forma directa la ruptura sustancial de la economía del contrato. A estos efectos, se entenderá por causas de fuerza mayor: los incendios causados por la electricidad atmosférica; los fenómenos naturales de efectos catastróficos, como maremotos, terremotos, erupciones volcánicas, movimientos del terreno, temporales marítimos, inundaciones u otros semejantes; y los destrozos ocasionados violentamente en tiempo de guerra, robos tumultuosos o alteraciones graves del orden público (art. 239 LCSP). En estos casos y siempre que no exista actuación imprudente por parte del contratista, este tendrá derecho a una indemnización por los daños y perjuicios que se le hubieren producido en la ejecución del contrato.

El restablecimiento del equilibrio económico del contrato se realizará mediante la adopción de las medidas que en cada caso procedan. Estas medidas podrán consistir en la modificación de las tarifas establecidas, la modificación en la retribución a abonar por la Administración, la reducción del plazo del contrato y, en general, en cualquier modificación de las cláusulas de contenido económico incluidas en el contrato.

Los plazos fijados en los pliegos solo podrán ser ampliados en un 15 por 100 de su duración inicial para restablecer el equilibrio económico del contrato en las circunstancias previstas en los artículos 270 y 290. No se tendrán en cuenta a efectos del cómputo del plazo de duración de la concesión y del establecido para la ejecución aquellos períodos en los que deba suspenderse por una causa imputable a la Administración o debida a fuerza mayor. Si el concesionario fuera responsable del retraso en la ejecución se aplicará el régimen de penalidades incluido en el pliego de cláusulas administrativas particulares sin que haya lugar a la ampliación del plazo de la concesión.

Todos estos límites explican que el artículo 205 LCSP contemple *el riesgo imprevisible* como una causa de modificación del contrato no prevista en el pliego, que permite la modificación si la necesidad deriva de una circunstancia que un adjudicador diligente no podía prever, siempre que no altere el carácter global del contrato y el posible aumento de valor no supere el 50 por 100 del valor original adjudicado. La teoría de la imprevisión o del riesgo imprevisible comporta una asunción parcial del riesgo entre la Administración y el contratista, sin que la aportación del sector público tenga que resarcir íntegramente los beneficios que deje de obtener el contratista, sino que tiende a proporcionar una indemnización adecuada para eliminar el riesgo de ruina de la empresa, repartiendo las consecuencias desfavorables entre las dos partes. No está concebido este principio como un seguro que cubra las posibles pérdidas del contratista, sino como un mecanismo que asegure el fin público de interés general que busca satisfacer el contrato. La teoría del riesgo imprevisible permite a la Administración modificar las tarifas, reducir los plazos y cualquier otra modificación de contenido económico para restablecer el equilibrio económico del contrato.

Sin embargo, cuando el cumplimiento del contrato deviene extraordinariamente oneroso para el contratista como consecuencia de la aprobación de una disposición general adoptada por una Administración distinta de la contratante con posterioridad a la formalización del contrato (*factum príncipis*), el contratista solo tendrá derecho a desistir del contrato, sin que dicha rescisión implique derecho a indemnización para ninguna de las partes. Así lo determinan los artículos 270.4 y 290.6 LCSP al señalar que el contratista tendrá derecho a desistir del contrato cuando este resulte extraordinariamente oneroso para él, como consecuencia de una de las siguientes circunstancias:

a) La aprobación de una disposición general por una Administración distinta de la concedente con posterioridad a la formalización del contrato.

b) Cuando el concesionario quede obligado legal o contractualmente a incorporar a las obras o a su explotación avances técnicos que las mejoren notoriamente y cuya disponibilidad en el mercado, de acuerdo con el estado de la técnica, se haya producido con posterioridad a la formalización del contrato.

La LCSP entiende que el cumplimiento del contrato deviene extraordinariamente oneroso cuando la incidencia de las disposiciones de las Administraciones o el importe de las mejoras técnicas que deban incorporarse supongan un incremento neto anualizado de los costes de, al menos, el 5 por 100 del importe neto de la cifra de negocios por el periodo que reste hasta la conclusión del contrato. Para el cálculo del incremento se deducirán, en su caso, los posibles ingresos adicionales que la medida pudiera generar.

Cuando el contratista desistiera del contrato como consecuencia de las causas anteriormente citadas, la resolución no dará derecho a indemnización para ninguna de las partes.

No existirá derecho al restablecimiento del equilibrio económico financiero por incumplimiento de las previsiones de la demanda recogidas en el estudio de la Administración o en el estudio que haya podido realizar el concesionario.

5. Modificación del contrato (arts. 203 a 207 y 191 LCSP)

Los contratos administrativos, los contratos celebrados por poderes adjudicadores no considerados Administraciones Públicas y en algunos casos los contratos privados de las Administraciones Públicas solo podrán modificarse por razones de interés público, en los casos y en la forma que establecen los artículos 204 y 205 LCSP, de acuerdo con el procedimiento regulado en el artículo 191, y con las particularidades previstas en el artículo 207.

Los contratos solo podrán modificarse durante su vigencia cuando se dé alguno de los siguientes supuestos:

a) Cuando así se haya previsto en el pliego de cláusulas administrativas particulares, en los términos y condiciones establecidos en el artículo 204.

b) Excepcionalmente, cuando sea necesario realizar una modificación que no esté prevista en el pliego de cláusulas administrativas particulares, siempre y cuando se cumplan las condiciones que establece el artículo 205.

En cualesquiera otros supuestos, si fuese necesario que un contrato se ejecutase en forma distinta a la pactada, deberá procederse a su resolución y a la celebración de otro bajo las condiciones pertinentes, previa convocatoria de una nueva licitación, sin perjuicio de lo dispuesto en el apartado 6 del artículo 213 respecto de la obligación del contratista de adoptar medidas que resulten necesarias por razones de seguridad, servicio público o posible ruina.

Las modificaciones del contrato deberán formalizarse conforme a lo dispuesto en el artículo 153 LCSP, y deberán publicarse de acuerdo con lo establecido en los artículos 207 y 63 LCSP.

Los contratos de las Administraciones Públicas podrán modificarse durante su vigencia hasta un máximo del 20 por 100 del precio inicial cuando en los pliegos de cláusulas administrativas particulares se hubiere advertido expresamente de esta posibilidad, en la forma y con el contenido siguiente:

a) La cláusula de modificación deberá estar formulada de forma clara, precisa e inequívoca.

b) Deberá precisar con detalle su alcance, límites y naturaleza; las condiciones en que podrá hacerse uso de la misma; y el procedimiento que haya de seguirse para realizar la modificación. No podrá suponer el establecimiento de nuevos precios no previstos en el contrato.

En ningún caso los órganos de contratación podrán prever en el pliego de cláusulas administrativas particulares modificaciones que puedan alterar la naturaleza global del contrato inicial. Se entiende que se alteran la naturaleza global del contrato si se sustituyen las obras, los suministros o los servicios que se van a adquirir por otros diferentes o se modifica el tipo de contrato. No se entenderá que se altera la naturaleza global del contrato cuando se sustituya alguna unidad de obra, suministro o servicio puntual. Las modificaciones contractuales previstas en los pliegos se acordarán en la forma que se hubiese especificado en los mismos.

Las modificaciones no previstas en el pliego de cláusulas administrativas particulares o que, habiendo sido previstas, no se ajusten a lo establecido en el artículo 204 LCSP, solo podrán realizarse cuando la modificación en cuestión cumpla los siguientes requisitos:

a) Que su justificación esté amparada por alguno de los supuestos previstos en el artículo 205.2 LCSP.

b) Que introduzca las variaciones estrictamente indispensables para responder a la causa objetiva que hace necesaria la modificación.

Los supuestos que eventualmente podrían justificar una modificación no prevista en los pliegos son los siguientes:

a) Cuando sea necesario añadir obras, suministros o servicios adicionales a los inicialmente contratados, siempre y cuando se den los dos requisitos que contempla el artículo 205.2.*a*) LCSP.

b) Cuando la necesidad de modificar un contrato se derive de circunstancias sobrevenidas y que fueran imprevisibles en el momento en que tuvo lugar la licitación del contrato, siempre y cuando se cumplan las tres condiciones impuestas por el artículo 205.2.*b*) LCSP.

c) Cuando las modificaciones no sean sustanciales. En este caso se tendrá que justificar especialmente la necesidad de las mismas, indicando las razones por las que esas prestaciones no se incluyeron en el contrato inicial. Una modificación de un contrato se considerará sustancial cuando tenga como resultado un contrato de naturaleza materialmente diferente al celebrado en un principio. En cualquier caso, una modificación se considerará sustancial cuando se cumpla una o varias de las condiciones que establece el artículo 205.2.*c*) LCSP.

En los supuestos de modificación del contrato no prevista en los pliegos (art. 205 LCSP) las modificaciones acordadas por el órgano de contratación serán obligatorias para los contratistas cuando impliquen, aislada o conjuntamente, una alteración en su cuantía que no exceda del 20 por 100 del precio inicial del contrato. Cuando de acuerdo con lo dispuesto en el apartado anterior la modificación no resulte obligatoria para el contratista, la misma solo será acordada por el órgano de contratación previa conformidad por escrito del mismo, resolviéndose el contrato, en caso contrario, de conformidad con lo establecido en la letra *g*) del apartado 1 del artículo 211 LCSP.

Antes de proceder a la modificación del contrato con arreglo a lo dispuesto en el artículo 205 LCSP, deberá darse audiencia al redactor del proyecto o de las especificaciones técnicas para que, en un plazo no inferior a tres días, formule las consideraciones que tenga por conveniente.

Los órganos de contratación que hubieran modificado un contrato que esté sujeto a regulación armonizada, a excepción de los contratos de servicios y de concesión de servicios enumerados en el anexo IV LCSP, en los casos previstos en las letras *a*) y *b*) del apartado 2 del artículo 205 deberán publicar en el *Diario Oficial de la Unión Europea* el correspondiente anuncio de modificación conforme a lo establecido en esta Ley.

Asimismo los órganos de contratación que hubieren modificado un contrato, con independencia de si este está o no sujeto a regulación armonizada y de la causa que justifique la modificación, deberán publicar un anuncio de modificación en el perfil de contratante del órgano de contratación, que deberá ir acompañado de las alegaciones del contratista y de todos los informes que, en su caso, se hubieran recabado con carácter previo a su aprobación, incluidos aquellos aportados por el adjudicatario o los emitidos por el propio órgano de contratación.

En el procedimiento adoptado para llevar a cabo la modificación del contrato deberá darse audiencia al contratista. En la Administración General del Estado, sus organismos Autónomos, Entidades Gestoras y Servicios Comunes de la Seguridad Social y demás entidades públicas integrantes del sector público estatal, dichos acuerdos deberán ser adoptados previo informe del Servicio Jurídico correspondiente.

No obstante, será preceptivo el dictamen del Consejo de Estado u órgano consultivo equivalente de la Comunidad Autónoma en los casos de modificaciones no previstas en el pliego de cláusulas administrativas particulares, siempre que su cuantía, aislada o conjuntamente, sea superior a un 20 por 100 del precio inicial del contrato, y su precio sea igual o superior a 6.000.000 de euros.

Los acuerdos que adopte el órgano de contratación pondrán fin a la vía administrativa y serán inmediatamente ejecutivos.

6. Principio de riesgo y ventura. Responsabilidad del contratista por los daños producidos a terceros durante la ejecución del contrato (arts. 196 y 197 LCSP)

La ejecución del contrato administrativo se realizará a riesgo y ventura del contratista, salvo los casos de fuerza mayor y de lo pactado en las cláusulas de reparto de riesgo siempre que no sean contrarias al Derecho europeo. Por tanto, el contratista debe soportar las consecuencias derivadas de las incidencias que surjan durante la ejecución del contrato debidas a factores de muy distinta índole (art. 197 LCSP).

El principio de riesgo y ventura puede aminorarse o incluso exonerar de responsabilidad al contratista en los casos de fuerza mayor, en los que el riesgo se desplaza hacia la Administración, que deberá resarcir al contratista; en los casos que sea necesario restablecer el equilibrio económico del contrato por circunstancias sobrevenidas (*rebus sic stantibus*); y ante alteraciones provocadas por la Administración, que producen mayor onerosidad para el contratista La fuerza mayor es una excepción al principio de riesgo y ventura y posibilita que el contratista pueda ser indemnizado por los daños y perjuicios que se hayan producido por esta causa. Los casos de fuerza mayor están tasados legalmente (art. 239 LCSP) y no son susceptibles de interpretación extensiva y analógica. La jurisprudencia interpreta las causas de fuerza mayor de forma muy restrictiva como sucesos insólitos e imprevisibles que proceden de la actuación anormal de las fuerzas naturales con violencia extraordinaria, o como actos de los hombres tan excepcionales como la guerra. Se trata de fenómenos atmosféricos que tienen su origen en hechos ajenos producidos fuera del objeto contractual, son irresistibles e imprevisibles.

El contratista tiene la obligación de indemnizar los daños que ocasione como consecuencia de la ejecución del contrato, salvo que el daño se produzca como consecuencia de una orden dada por la Administración o sea consecuencia de los vicios del proyecto, siempre que este haya sido elaborado por la propia Administración contratante (art. 196 LCSP). El particular dañado puede reclamar directamente contra el contratista ante la jurisdicción civil estableciendo una relación jurídico privada. Se trataría en este caso de una responsabilidad subjetiva (art. 1.902 CC) que necesita probar el dolo, la culpa o la negligencia en la producción del hecho. Pero el particular dañado puede también acudir al órgano de contratación para que se pronuncie sobre el origen de la responsabilidad a través de un requerimiento previo en el plazo de un año desde la producción de los hechos. Especifica el artículo 196.3 LCSP que los terceros podrán requerir previamente, dentro del año siguiente a la producción del hecho, al órgano de contratación para que este, oído el contratista, informe sobre a cuál de las partes contratantes corresponde la responsabilidad de los daños.

La reclamación se formulará conforme al procedimiento establecido en la legislación aplicable a cada supuesto, y el ejercicio de esta facultad interrumpe el plazo de prescripción de la acción.

Si el particular dañado acude a la Administración contratante, se abren dos posibilidades:

a) Que la Administración asuma su responsabilidad, por lo que el particular deberá iniciar un nuevo procedimiento, de responsabilidad patrimonial.

b) Que la Administración impute la responsabilidad al contratista, por lo que el particular podrá, o bien acudir a la jurisdicción civil para reclamar, o bien impugnar esta resolución de la Administración en vía contencioso-administrativa solicitando que se declare la responsabilidad de la Administración contratante y el consiguiente pago de la indemnización que proceda.

7. EXTINCIÓN DE LOS CONTRATOS ADMINISTRATIVOS

Los contratos se extinguen por su cumplimiento, por resolución y, en algunos casos, por entrar en fase de liquidación como consecuencia de un vicio de nulidad de pleno derecho.

7.1. *Cumplimiento de los contratos (art. 210 LCSP)*

El contrato se entenderá cumplido por el contratista cuando este haya realizado, de acuerdo con los términos del mismo y a satisfacción de la Administración, la totalidad de la prestación. En todo caso, la constatación del cumplimiento exigirá por parte de la Administración un acto formal y positivo de recepción o conformidad dentro del mes siguiente a la entrega o realización del objeto del contrato, o en el plazo que se determine en el pliego de cláusulas administrativas particulares por razón de sus características. El acto de recepción formal del objeto del contrato será comunicado en cuanto a la fecha y lugar a la Intervención de la Administración correspondiente, para su eventual asistencia en ejercicio de sus funciones de comprobación de la inversión.

Desde la fecha de recepción o conformidad, se fijará también un plazo de garantía, transcurrido el cual sin objeciones por parte de la Administración quedará extinguida la responsabilidad del contratista. Se exceptúan del plazo de garantía aquellos contratos en que por su naturaleza o características no resulte necesario, lo que deberá justificarse debidamente en el expediente de contratación, consignándolo expresamente en el pliego.

Excepto en los contratos de obras, que se regirán por lo dispuesto en el artículo 243 LCSP, dentro del plazo de treinta días a contar desde la fecha del acta de recepción o conformidad, deberá acordarse la liquidación correspondiente del contrato, que será abonada al contratista. No obstante, si la Administración Pública recibe la factura con posterioridad a la fecha en que tiene lugar dicha recepción, el plazo de treinta días se contará desde su correcta presentación por el contratista en el registro correspondiente en los términos establecidos en la normativa que regule la factura electrónica. Si se produjera demora en el pago del saldo de liquidación, el contratista tendrá derecho a percibir los intereses de demora y la indemnización por los costes de cobro en los términos previstos en la Ley 3/2004, de 29 de diciembre, por la que se establecen medidas de lucha contra la morosidad en las operaciones comerciales.

7.2. *Resolución del contrato (arts. 211 a 213 LCSP)*

La resolución del contrato implica la extinción anticipada por incumplimiento de una de las partes y la acordará el órgano de contratación, de oficio o a instancia del contratista, y podrá instarse por aquella parte a la que no le sea imputable la circunstancia que diere lugar a la misma. La normativa contempla unas causas generales de resolución de los contratos (art. 211 LCSP), añadiendo en cada modalidad contractual las causas singulares y específicas que dan lugar a su resolución (contrato de obra, concesión de obra, concesión de servicios, suministro y servicios).

Cuando el contrato se resuelva por incumplimiento culpable del contratista, este deberá indemnizar a la Administración los daños y perjuicios ocasionados. La indemnización se hará efectiva, en primer término, sobre la garantía que, en su caso, se hubiese constituido, sin perjuicio de la subsistencia de la responsabilidad del contratista en lo que se refiere al importe que exceda del de la garantía incautada.

Conforme el artículo 211 LCSP son causas generales de resolución del contrato:

a) La muerte o incapacidad sobrevenida del contratista o la extinción de la personalidad jurídica de la sociedad contratista.

b) La declaración de concurso o de insolvencia en cualquier otro procedimiento.

c) El mutuo acuerdo entre la Administración y el contratista.

d) La demora en el cumplimiento de los plazos por parte del contratista. En todo caso el retraso injustificado sobre el plan de trabajos establecido en el pliego o en el contrato, por un plazo superior a un tercio del plazo de duración inicial del contrato, incluidas las posibles prórrogas.

e) La demora en el pago por parte de la Administración por plazo superior a seis meses o el inferior que se hubiese fijado por parte de las Comunidades Autónomas al amparo del artículo 198.8 LCSP.

f) El incumplimiento de la obligación principal del contrato.

Serán, asimismo causas de resolución del contrato, el incumplimiento de las restantes obligaciones esenciales siempre que estas últimas hubiesen sido calificadas como tales en los pliegos, cuando concurran los dos requisitos siguientes:

1.º Que las mismas respeten los límites que el artículo 34.1 LCSP establece para la libertad de pactos.

2.º Que figuren enumeradas de manera precisa, clara e inequívoca en los pliegos o en el documento descriptivo, no siendo admisibles cláusulas de tipo general.

g) La imposibilidad de ejecutar la prestación en los términos inicialmente pactados, cuando no sea posible modificar el contrato, o cuando dándose las circunstancias establecidas en el artículo 205 LCSP, las modificaciones impliquen, aislada o conjuntamente, alteraciones del precio del mismo, en cuantía superior, en más o en menos, al 20 por 100 del precio inicial del contrato.

h) Las que se señalen específicamente para cada categoría de contratos en la LCSP.

i) El impago durante la ejecución del contrato, de los salarios por parte del contratista a los trabajadores o el incumplimiento de las condiciones establecidas en los convenios colectivos en vigor para estos trabajadores también durante la ejecución del contrato.

En los casos en que concurran diversas causas de resolución del contrato con diferentes efectos en cuanto a las consecuencias económicas de la extinción, deberá atenderse a la que haya aparecido con prioridad en el tiempo.

Cuando el contrato se resuelva por incumplimiento culpable del contratista le será incautada la garantía y deberá, además, indemnizar a la Administración los daños y perjuicios ocasionados en lo que excedan del importe de la garantía incautada. El acuerdo de resolución indicará sobre la procedencia o no de la pérdida, devolución o cancelación de la garantía que, en su caso, hubiese sido constituida.

Hasta que se formalice el nuevo contrato, el contratista quedará obligado a adoptar las medidas necesarias por razones de seguridad, o indispensables para evitar un grave trastorno al servicio público o la ruina de lo construido o fabricado. Cuando el contratista no pueda garantizar las medidas indispensables establecidas en el párrafo anterior, la Administración podrá intervenir garantizando la realización de dichas medidas bien con sus propios medios, bien a través de un contrato con un tercero.

Declarada la resolución, la retribución del contratista se fijará por el órgano de contratación, una vez concluidos los trabajos y tomando como referencia los precios que sirvieron de base para la celebración del contrato. El contratista podrá impugnar esta decisión ante el órgano de contratación que deberá resolver lo que proceda en el plazo de quince días hábiles.

7.3. *Declaración de nulidad del contrato (arts. 39 y 42 LCSP)*

Los contratos celebrados por poderes adjudicadores, incluidos los contratos subvencionados, serán inválidos cuando lo sea alguno de sus actos preparatorios o el de adjudicación, por concurrir en los mismos alguna causa de nulidad contemplada en el Derecho administrativo o en el Derecho civil, así como en aquellos casos en que la invalidez derive de la ilegalidad de su clausulado (art. 38 LCSP).

Especifica el artículo 39 LCSP que son causas de nulidad de Derecho administrativo las indicadas en el artículo 47.1 LPAC, y serán igualmente nulos de pleno derecho los contratos celebrados por poderes adjudicadores en los que concurra alguna de las causas siguientes:

a) La falta de capacidad de obrar o de solvencia económica, financiera, técnica o profesional; o la falta de habilitación empresarial o profesional cuando sea exigible para la realización de la actividad o prestación que constituya el objeto del contrato; o la falta de clasificación del adjudicatario; o el estar este incurso en alguna de las prohibiciones para contratar señaladas en el artículo 71 LCSP.

b) La carencia o insuficiencia de crédito.

c) La falta de publicación del anuncio de licitación en el perfil de contratante alojado en la Plataforma de Contratación del Sector Público o en los servicios de información similares de las Comunidades Autónomas, en el *Diario Oficial de la Unión Europea* o en el medio de publicidad en que sea preceptivo, de conformidad con el artículo 135 LCSP.

d) La inobservancia por parte del órgano de contratación del plazo para la formalización del contrato.

e) Haber llevado a efecto la formalización del contrato, en los casos en que se hubiese interpuesto el recurso especial en materia de contratación sin respetar la suspensión automática del acto recurrido en los casos en que fuera procedente, o la medida cautelar de suspensión acordada por el órgano competente para conocer del recurso especial en materia de contratación que se hubiera interpuesto.

f) El incumplimiento de las normas establecidas para la adjudicación de los contratos basados en un acuerdo marco celebrado con varios empresarios o de los contratos específicos basados en un sistema dinámico de adquisición en el que estuviesen admitidos varios empresarios, siempre que dicho incumplimiento hubiera determinado la adjudicación del contrato de que se trate a otro licitador.

g) El incumplimiento grave de normas de derecho de la Unión Europea en materia de contratación pública que conllevara que el contrato no hubiera debido adjudicarse al contratista, declarado por el TJUE en un procedimiento por incumplimiento de las obligaciones de los Tratados (art. 260 TFUE).

La invalidez de los contratos por causas reconocidas en el derecho civil se sujetará a los requisitos y los plazos de las acciones establecidos en el ordenamiento civil, pero el procedimiento para hacerlas valer, cuando el contrato se haya celebrado por una Administración Pública, se someterá a lo previsto en la LCSP.

Los efectos y consecuencias jurídicas derivadas de la declaración de nulidad implicará que los actos preparatorios o de adjudicación del contrato, cuando sea firme, llevará consigo la del mismo contrato, que entrará en fase de liquidación, debiendo restituirse las partes recíprocamente las cosas que hubiesen recibido en virtud del mismo, y si esto no fuese posible, se devolverá su valor. La parte que resulte culpable deberá indemnizar a la contraria de los daños y perjuicios que haya sufrido. La nulidad de los actos que no sean preparatorios solo afectará a estos. Si la declaración de nulidad de un contrato produjese un grave trastorno al interés general, el órgano de contratación podrá disponer la continuación de los efectos de aquel bajo sus mismas cláusulas, hasta que se adopten las medidas urgentes para evitar el perjuicio.

8. Pago del precio del contrato (arts. 198 a 200 LCSP)

El contratista tendrá derecho al abono del precio convenido por la prestación realizada en los términos establecidos en el contrato y en la LCSP.

El pago del precio podrá hacerse de manera total o parcial, mediante abonos a cuenta o, en el caso de contratos de tracto sucesivo, mediante pago en cada uno de los vencimientos que se hubiesen estipulado. El contratista tendrá también derecho a percibir abonos a cuenta por el importe de las operaciones preparatorias de la ejecución del contrato que estén comprendidas en el objeto del mismo, en las condiciones señaladas en los respectivos pliegos.

La Administración tendrá la obligación de abonar el precio dentro de los treinta días siguientes a la fecha de aprobación de las certificaciones de obra o de los documentos que acrediten la conformidad con lo dispuesto en el contrato, sin perjuicio de lo establecido para el contrato de obras (art. 210.4), y si se demorase, deberá abonar al contratista, a partir del cumplimiento de dicho plazo de treinta días los intereses de demora y la indemnización por los costes de cobro en los términos previstos en la Ley 3/2004, de 29 de diciembre, por la que se establecen medidas de lucha contra la morosidad en las operaciones comerciales. Para que haya lugar al inicio del cómputo de plazo para el devengo de intereses, el contratista deberá haber cumplido la obligación de presentar la factura ante el registro administrativo correspondiente, en tiempo y forma, en el plazo de treinta días desde la fecha de entrega efectiva de las mercancías o la prestación del servicio.

En todo caso, si el contratista incumpliera el plazo de treinta días para presentar la factura ante el registro administrativo correspondiente, el devengo de intereses no se iniciará hasta transcurridos treinta días desde la fecha de la correcta presentación de la factura.

Si la demora en el pago fuese superior a cuatro meses, el contratista podrá proceder, en su caso, a la suspensión del cumplimiento del contrato, debiendo comunicar a la Administración, con un mes de antelación, tal circunstancia, a efectos del reconocimiento de los derechos que puedan derivarse de dicha suspensión.

Si la demora de la Administración fuese superior a seis meses, el contratista tendrá derecho a resolver el contrato y al resarcimiento de los perjuicios que como consecuencia de ello se le originen.

Transcurrido treinta días desde la fecha de aprobación de las certificaciones de obra o de los documentos que acrediten la conformidad con lo dispuesto en el contrato, los contratistas podrán reclamar por escrito a la Administración contratante el cumplimiento de la obligación de pago y, en su caso, de los intereses de demora. Si, transcurrido el plazo de un mes, la Administración no hubiera contestado, se entenderá reconocido el vencimiento del plazo de pago y los interesados podrán formular recurso contencioso-administrativo contra la inactividad de la Administración, pudiendo solicitar como medida cautelar el pago inmediato de la deuda. El órgano judicial adoptará la medida cautelar, salvo que la Administración acredite que no concurren las circunstancias que justifican el pago o que la cuantía reclamada no corresponde a la que es exigible, en cuyo caso la medida cautelar se limitará a esta última. La sentencia condenará en costas a la Administración demandada en el caso de estimación total de la pretensión de cobro.

Sin perjuicio de lo establecido en las normas tributarias y de la Seguridad Social, los abonos a cuenta que procedan por la ejecución del contrato, solo podrán ser embargados para el pago de los salarios devengados por el personal del contratista en la ejecución del contrato y de las cuotas sociales derivadas de los mismos, o para el pago de las obligaciones contraídas por el contratista con los subcontratistas y suministradores.

Los contratistas que tengan derecho de cobro frente a la Administración podrán cederlo. Para que la cesión o transmisión del derecho de cobro sea efectiva frente a la Administración, será requisito imprescindible la notificación fehaciente a la misma del acuerdo de cesión. Una vez que la Administración tenga conocimiento del acuerdo de cesión, el mandamiento de pago habrá de ser expedido a favor del cesionario. Antes de que la cesión se ponga en conocimiento de la Administración, los mandamientos de pago a nombre del contratista surtirán efectos liberatorios.

Las cesiones o transmisiones anteriores al nacimiento de la relación jurídica de la que deriva el derecho de cobro no producirán efectos frente a la Administración, que podrá oponer frente al cesionario todas las excepciones derivadas de la relación contractual.

9. Cesión del contrato y subcontratación

La ejecución del contrato corresponde al contratista seleccionado mediante la adjudicación. El carácter personal de la ejecución del contrato suele enfatizarse afirmando que el contratista es la persona responsable ante el ente contratante que podrá exigirle jurídicamente el cumplimiento de lo pactado. Sin embargo, puede ocurrir que el contrato se ejecute parcialmente por otro contratista (subcontratación), o incluso cabe la transmisión del contrato completo a un tercero distinto del adjudicatario que lo sustituirá en la posición que ocupa (cesión del contrato). La cesión y la subcontratación, al ser una excepción a la regla general del carácter personalísimo de los contratos, quedan sometidas a determinados límites con el fin de evitar un uso fraudulento de ambas figuras.

9.1. *Cesión del contrato (art. 214 LCSP)*

Los derechos y obligaciones derivados del contrato podrán ser cedidos por el adjudicatario a un tercero siempre que las cualidades técnicas o personales del cedente no hayan sido razón determinante de la adjudicación. Se configura así la cesión del contrato en nuestro Derecho como una novación de los elementos subjetivos del contrato, que no tendrá validez sin el consentimiento previo y expreso del órgano de contratación. Cuando se ceda el contrato el cesionario quedará subrogado en todos los derechos y obligaciones que corresponderían al cedente frente al ente contratante y frente a terceros.

La cesión del contrato a un nuevo contratista solamente será posible cuando obedezca a una opción inequívoca de los pliegos, dentro de los siguientes límites: los pliegos establecerán necesariamente que se podrá ceder el contrato siempre que las cualidades técnicas o personales del cedente no hayan sido razón determinante de la adjudicación del contrato, y que la cesión no resulte una restricción efectiva de la competencia en el mercado. No podrá autorizarse la cesión a un tercero cuando esta suponga una alteración sustancial de las características del contratista si estas constituyen un elemento esencial del contrato.

Para que los contratistas puedan ceder sus derechos y obligaciones a terceros, los pliegos deberán contemplar, como mínimo, la exigencia de los siguientes requisitos:

a) Que el órgano de contratación autorice de forma previa y expresa la cesión. Dicha autorización se otorgará siempre que se cumplan con los requisitos exigidos en el artículo 214 LCSP. El plazo para la notificación de la resolución sobre la solicitud de autorización será de dos meses, trascurrido el cual deberá entenderse otorgada por silencio administrativo.

b) Que el cedente tenga ejecutado al menos un 20 por 100 del importe del contrato o, cuando se trate de un contrato de concesión de obras o concesión de servicios, que haya efectuado su explotación durante al menos una quinta parte del plazo de duración del contrato.

c) Que el cesionario tenga capacidad para contratar con la Administración y la solvencia que resulte exigible en función de la fase de ejecución del contrato, debiendo estar debidamente clasificado si tal requisito ha sido exigido al cedente, y no estar incurso en una causa de prohibición de contratar.

d) Que la cesión se formalice, entre el adjudicatario y el cesionario, en escritura pública.

9.2. *Subcontratación (art. 215 LCSP)*

Mediante la subcontratación, el adjudicatario del contrato está facultado para concertar con terceros la realización parcial de la prestación que constituya el objeto del contrato, salvo que el contrato o los pliegos dispongan lo contrario o que por la naturaleza o condiciones del contrato se deduzca que ha de ser ejecutado directamente por el contratista. En la subcontratación, el contratista principal es el obligado frente al órgano de contratación, siendo las relaciones del contratista con el subcontratista unas relaciones estrictamente privadas, aunque no cabe duda que estas pueden afectar al interés general o público. De ahí las limitaciones y cautelas establecidas legalmente. El contratista podrá concertar con terceros la realización parcial de la prestación con sujeción a lo que dispongan los pliegos. La celebración de los subcontratos queda sometida al cumplimiento de los siguientes requisitos:

— Los licitadores deberán indicar en sus ofertas la parte del contrato que tengan previsto subcontratar, señalando su importe, y el nombre o el perfil empresarial, definido por referencia a las condiciones de solvencia profesional o técnica, de los subcontratistas a los que se vaya a encomendar su realización.

— En todo caso, el contratista deberá comunicar por escrito, tras la adjudicación del contrato y, a más tardar, cuando inicie la ejecución de este, al órgano de contratación la intención de celebrar los subcontratos, señalando la parte de la prestación que se pretende subcontratar y la identidad, datos de contacto y representante o representantes legales del subcontratista, justificando suficientemente la aptitud de este para ejecutarla por referencia a los elementos técnicos y humanos de que dispone y a su experiencia, y acreditando que el mismo no se encuentra incurso en prohibición de contratar de acuerdo con el artículo 71.

— En los contratos de carácter secreto o reservado, o en aquellos cuya ejecución deba ir acompañada de medidas de seguridad especiales o cuando lo exija la protección de los intereses esenciales de la seguridad del Estado, la subcontratación requerirá siempre autorización expresa del órgano de contratación.

— En los contratos de obras, los contratos de servicios y en algunos contratos de suministro los órganos de contratación podrán establecer en los pliegos que determinadas tareas no puedan ser objeto de subcontratación, debiendo ser ejecutadas directamente por el contratista principal.

En ningún caso podrá concertarse por el contratista la ejecución parcial del contrato con personas inhabilitadas para contratar.

Los subcontratistas quedarán obligados solo ante el contratista principal, que asumirá, por tanto, la total responsabilidad de la ejecución del contrato frente a la Administración, con arreglo estricto a los pliegos de cláusulas administrativas particulares. Los subcontratistas no tendrán acción directa frente a la Administración contratante por las obligaciones contraídas con ellos por el contratista como consecuencia de la ejecución del contrato principal y de los subcontratos.

10. Utilización de medios electrónicos en los procedimientos de contratación del sector público

La Exposición de Motivos de la LCSP señala la apuesta decidida del legislador en favor de la contratación pública electrónica. Sin embargo, de una lectura atenta de su articulado podemos comprobar que no existe un completo procedimiento contractual electrónico sino distintos trámites en los que la LCSP incluye la utilización de medios electrónicos. En concreto son tres las disposiciones normativas específicas dedicadas a la utilización de medios electrónicos en la contratación del sector público:

— La disposición adicional 15.ª donde se establecen las normas relativas a los medios de comunicación utilizables en los procedimientos contractuales.

— La disposición adicional 16.ª, que regula el uso de medios electrónicos, informáticos y telemáticos en los procedimientos de contratación del sector público.

—Y la disposición adicional 17.ª, que contempla los requisitos relativos a las herramientas y a los dispositivos de recepción electrónica de documentos.

De estas tres disposiciones adicionales y del resto del articulado de la LCSP, con incidencia o relación en la contratación pública electrónica, podemos deducir su implantación en los siguientes trámites contractuales:

— Anuncios.
— Acceso a los pliegos.
— Presentación de las ofertas.
— Acreditación de la aptitud para contratar.
— Notificaciones y comunicaciones en los procedimientos.
— Sistemas dinámicos de adquisición.
— Subastas electrónicas y centrales de compras.
— Acceso a los registros públicos.

Anuncios. Los anuncios de licitación y la demás documentación que establezca las condiciones que deban regir la contratación se publicarán en el perfil de contratante (art. 63 LCSP). Es decir, los pliegos de cláusulas administrativas particulares y los demás documentos que configuren la contratación se publicarán a través de medios electrónicos. También se publicarán en el perfil de contratante los anuncios de información previa, los anuncios de las de licitaciones, los de las adjudicaciones, los de la formalización de los contratos, y las posibles modificaciones.

Los perfiles de contratante de los órganos de contratación de todas las entidades del sector público estatal deberán alojarse de manera obligatoria en la Plataforma de Contratación del Sector Público (PCSP) o en los servicios de Información similares que se establezcan por las Comunidades Autónomas. Y la no publicación en la citada Plataforma comportará la existencia de un vicio de nulidad de pleno derecho [supuesto regulado de forma expresa en el art. 39.2.*c*) LCSP].

Los plazos para presentar las ofertas por parte de los contratistas comienzan a computarse desde el momento en el que el anuncio de licitación se publica en la PCSP (arts. 134.2, 156.6, 159.3 LCSP).

Los órganos de contratación que vayan a publicar en el *Diario Oficial de la Unión Europea* un anuncio deberán enviarlo por medios electrónicos a la Oficina de Publicaciones de la Unión Europea.

Acceso a los pliegos y demás documentación. El artículo 138 LCSP especifica que los órganos de contratación ofrecerán acceso a los pliegos y demás documentación complementaria por medios electrónicos a través del perfil de contratante desde la fecha de la publicación del anuncio de licitación o, en su caso, del envío de la invitación a los candidatos seleccionados. Excepcionalmente, los órganos de contratación podrán dar acceso a los pliegos y demás documentación complementaria de la licitación, valiéndose de medios no electrónicos cuando concurra alguno de los siguientes supuestos:

a) Cuando se den circunstancias técnicas que lo impidan, en los términos que señala la disposición adicional 15.ª LCSP.

b) Por razones de confidencialidad, en aplicación de lo dispuesto en el artículo 133 LCSP.

c) En el caso de las concesiones de obras y de servicios, por motivos de seguridad excepcionales.

Presentación de las ofertas por parte de los licitadores. La presentación de las ofertas y de las solicitudes de participación por parte del contratista se llevará a cabo utilizando medios electrónicos. No obstante, los órganos de contratación no estarán obligados a exigir el empleo de medios electrónicos en el procedimiento de presentación de ofertas en los casos o supuestos que específica el apartado tercero de la disposición adicional decimoquinta de la LCSP:

a) Cuando, debido al carácter especializado de la contratación, el uso de medios electrónicos requiera herramientas, dispositivos o formatos de archivo específicos que no están en general disponibles o no son aceptados por los programas generalmente disponibles.

b) Cuando las aplicaciones que soportan formatos de archivo adecuados para la descripción de las ofertas utilizan formatos de archivo que no pueden ser procesados por otros programas abiertos o generalmente disponibles, o están sujetas a un régimen de licencias de uso privativo y el órgano de contratación no pueda ofrecerlas para su descarga o utilización a distancia.

c) Cuando la utilización de medios electrónicos requiera equipos ofimáticos especializados de los que no disponen generalmente los órganos de contratación.

d) Cuando los pliegos de la contratación requieran la presentación de modelos físicos o a escala que no pueden ser transmitidos utilizando medios electrónicos.

Los órganos de contratación tampoco estarán obligados a exigir medios electrónicos en el proceso de presentación de ofertas cuando el uso de medios no electrónicos sea necesario bien por una violación de la seguridad o para proteger información especialmente delicada que requiera un nivel tan alto de protección.

Acreditación de la aptitud para contratar. La inscripción en el Registro Oficial de Licitadores y Empresas Clasificadas del Sector Público acreditará frente a todos los órganos de contratación del sector público las condiciones de aptitud del empresario, en cuanto a su personalidad y capacidad de obrar, representación, habilitación profesional o empresarial, solvencia económica y financiera y técnica o profesional, clasificación, así como la concurrencia o no concurrencia de las prohibiciones de contratar. Dicha acreditación podrá expedirse por medios electrónicos, informáticos o telemáticos.

Las proposiciones del empresario o contratista en el procedimiento abierto deberán ir acompañadas de una declaración responsable que se ajustará al formulario de documento europeo único de contratación en el que el licitador ponga de manifiesto que cumple con los requisitos de solvencia económica, financiera y técnica o profesional exigidos, que cuenta con la correspondiente clasificación, en su caso, y que no está incurso en prohibición de contratar. El Documento europeo único de contratación (DEUC) es una declaración responsable que se ofrece exclusivamente en formato electrónico y viene a sustituir la documentación acreditativa del cumplimiento de los requisitos previos para que una empresa pueda acceder a un proceso de licitación.

Por último, mediante el depósito de certificados en línea *e-Certis*, la Junta Consultiva de Contratación Pública del Estado será la encargada de publicar y mantener actualizada la base de datos que contenga información relevante para la acreditación de las condiciones de solvencia y aptitud de los empresarios españoles a efectos de la contratación pública a nivel europeo.

Notificaciones y comunicaciones en los procedimientos contractuales. La tramitación de los procedimientos de adjudicación conllevará la práctica de las notificaciones y comunicaciones por medios exclusivamente electrónicos (disp. adic. 15.ª, párrafo primero). No obstante, podrá utilizarse la comunicación oral para comunicaciones distintas de las relativas a los elementos esenciales de un procedimiento de contratación, siempre que su contenido esté suficientemente documentado. A este respecto, los elementos esenciales de un procedimiento de contratación incluyen: los pliegos de la contratación, las solicitudes de participación y las ofertas.

Las comunicaciones y el intercambio de documentación entre los órganos competentes para la resolución del recurso especial en materia de contratación, los órganos de contratación y los interesados en el procedimiento se harán por medios electrónicos (art. 54 LCSP).

Sistemas dinámicos de adquisición (art. 223 LCSP). Los órganos de contratación podrán articular sistemas dinámicos de adquisición de obras, servicios y suministros de uso corriente cuyas características, generalmente disponibles en el mercado, satisfagan sus necesidades. El sistema dinámico de adquisición es un proceso totalmente electrónico, con una duración limitada y determinada en los pliegos, y debe estar abierto durante todo el periodo de vigencia a cualquier empresa interesada que cumpla los criterios de selección.

Subastas Electrónicas y centrales de compras. La subasta electrónica es un proceso electrónico repetitivo que tiene lugar tras una primera evaluación de las ofertas de los contratistas con la finalidad de mejorar los precios, o de aportar nuevos valores relativos a determinados elementos de las ofertas que las mejoren en su conjunto (art. 143 LCSP). Por su parte, la Junta de Contratación Centralizada podrá acordar la utilización de herramientas informáticas específicas para garantizar que los expedientes de contratación tramitados por las entidades adheridas, la aplicación de las reglas de licitación y selección de los contratistas, las adjudicaciones, y la ejecución de los contratos basados en compras centralizadas, cumplen los términos y condiciones establecidos en los pliegos.

Acceso a los Registros Oficiales. El Registro Oficial de Licitadores y Empresas Clasificadas del Sector Público tiene por objeto la inscripción de los datos que resulten relevantes para acreditar las condiciones de aptitud de los empresarios para contratar con las Administraciones Públicas y demás organismos y entidades del sector público, incluidas las facultades de sus representantes y apoderados, así como la acreditación de todo ello ante cualquier órgano de contratación del sector público.

Por su parte el Registro de Contratos del Sector Público contiene los datos básicos de los contratos adjudicados por las distintas Administraciones Públicas y demás entidades del sector público sujetas a la LCSP, y constituye el sistema oficial central de información sobre la contratación pública en España.

El acceso a estos registros se llevará a cabo por medios electrónicos, informáticos o telemáticos, en la forma que determine el Ministerio de Hacienda y se regirá por lo dispuesto en el artículo 17 de la Ley 19/2013, de 9 de diciembre, de transparencia, acceso a la información pública y buen gobierno.

El informe España 2019 de la Comisión Europea de 27 de febrero de 2019 sobre prevención y corrección de desequilibrios macroeconómicos, en el apartado de «mejora del rendimiento de la contratación pública», señala que aunque España se encuentra bien situada entre los proveedores de servicios digitales, la adaptación de los procedimientos contractuales al nuevo modelo de contratación pública electrónica a través de las administraciones públicas en los niveles nacional, regional y local, requiere mayor inversión pública para implementar los cambios tecnológicos y de organización requeridos.

A juicio de la Comisión Europea es necesario adoptar un acuerdo entre las distintas administraciones públicas para lograr una total interoperabilidad de los diferentes sistemas y plataformas. Lo que implica un nuevo escenario de contratación pública electrónica que pivote sobre la lógica de la colaboración público-privada para ofrecer la solución/servicio que mejor se adapte a las necesidades de los distintos poderes adjudicadores.

La arquitectura de la contratación pública electrónica debe asentarse sobre una efectiva interoperabilidad y sobre un modelo leal de colaboración público-privada que fomente la calidad del servicio, su adaptabilidad, flexibilidad y eficiencia.

IV. MATERIALES DIDÁCTICOS

1. Bibliografía específica

AAVV: *Tratado de contratos del sector público*, obra colectiva dirigida por Gamero Casado, E., y Gallego Córcoles, I., Tirant lo Blanch, Valencia, 2018.

Arana García E., Castillo Blanco, F., Torres López, A. y Villalba Pérez, F.: *Nociones básicas de contratación pública*, Tecnos, Madrid, 2022.

Castillo Blanco, F. (dir.): *Compliance e integridad en el sector público*, Tirant lo Blanch, Valencia, 2019.

Villalba Pérez, F.: «La responsabilidad extracontractual del contratista por los daños producidos a terceros durante la ejecución del contrato», *REALA*, n.º 297, 2005.

— «Ejecución de los contratos administrativos de concesión de obra pública», *Comentarios a la Ley de contratos del sector público*, obra colectiva dirigida por el profesor Parejo Alfonso, L., Bosch, Barcelona, 2009.

— «La dimensión social de la contratación del sector público», *Revista Andaluza de Administración Pública*, n.º 74, 2009.

— «La concesión de servicios, nuevo objeto de regulación del Derecho comunitario. Directiva 2014/23/UE, de 26 de febrero de 2014, relativa a la adjudicación de contratos de concesión», *Revista de Estudios de la Administración Local y Autonómica, REALA Nueva Época*, n.º 2, julio-diciembre de 2014.

— «El principio de eficiencia motor de las reformas normativas en contratación pública», en *As reformas do sector público. Perspectiva ibérica no contexto pós-crise*, Instituto Jurídico Facultad de Derecho de la Universidad de Coimbra, Coimbra (Portugal), 2015.

— «Singularidades de los contratos del sector público en los ámbitos de la defensa y seguridad», en *Estudios sobre Derecho Militar y Defensa*, Thomsons Reuters Aranzadi, Navarra, 2015.

— «Externalización de servicios sanitarios: nuevas perspectivas y orientaciones, *Revista Española de Derecho Administrativo* (*REDA*), n.º 182, 2017.

— «La contratación pública electrónica en la Unión Europea», *Salud electrónica. Perspectiva y realidad*, Tirant lo Blanch, Valencia, 2017.

— «Prevenciones y cautelas de la normativa sobre contratación del sector público en relación a la gestión indirecta de los servicios sociales», en *Compliance e integridad en el sector público*, obra colectiva dirigida por F. Castillo Blanco, Tirant lo Blanch, Valencia, 2019.

2. Normativa de referencia

— Constitución Española de 1978 (CE).

— Tratado de Funcionamiento de la Unión Europea (TFUE).

— Directiva 2014/23/UE, de 26 de febrero de 2014, relativa a la adjudicación del contrato de concesión.
— Directiva 2014/24/UE, de 26 de febrero de 2014, sobre contratación pública.
— Ley 9/2017, de 8 de noviembre, de Contratos del Sector Público, por la que se transponen al ordenamiento jurídico español las Directivas 2014/23/UE y 2014/24/UE, de 26 de febrero de 2014 (LCSP).
— Real Decreto ley 3/2020, de 4 de febrero de 2020, que incorpora al ordenamiento jurídico español la Directiva 2014/25/UE, de 26 de febrero de 2014, relativa a la contratación por entidades que operan en los sectores del agua, la energía, los transportes y los servicios postales.
— Real Decreto 814/2015, de 11 de septiembre, por el que se aprueba el Reglamento de los procedimientos especiales de revisión de decisiones en materia contractual y de organización del Tribunal Administrativo Central de Recursos Contractuales.
— Real Decreto 817/2009, de 8 de mayo, de desarrollo parcial de la Ley de Contratos del Sector Público, siempre que sus disposiciones no se opongan a lo dispuesto en la LCSP.
— Real Decreto 1.098/2001, de 12 de octubre, Reglamento General de la Ley de Contratos de las Administraciones Públicas (RGLCAP), siempre que sus disposiciones no se opongan a lo dispuesto en la LCSP.

3. Enlaces de utilidad

— Junta Consultiva de Contratación del Sector Público. Ministerio de Hacienda: www.minhap.gob.es/.../Contratacion/
— Tribunal de Cuentas: www.tcu.es
— Observatorio de Contratación Pública: www.obcp.es/
— Tribunal Administrativo Central de Recursos Contractuales: www.minhap.gob.es/es-ES/Servicios/Contratacion/TACRC/
— Tribunal Administrativo de Recursos Contractuales de la Junta de Andalucía: www.juntadeandalucia.es/.../contratacion/tribunal_adm/tribunal.htm
— Tribunal Administrativo de Contratos Públicos de Aragón: www.aragon.es/TribunalAdministrativo

4. Preguntas clave

1. Efectos de los contratos administrativos.
2. Ejecución del contrato.
3. Prerrogativas de la Administración Pública en la ejecución de los contratos administrativos.
4. Principio de mantenimiento del equilibrio económico del contrato.
5. Modificación del contrato.

6. Principio de riesgo y ventura. Responsabilidad del contratista por los daños causados a terceros durante la ejecución del contrato.
7. Extinción de los contratos administrativos:
   7.1. Cumplimiento del contrato.
   7.2. Resolución del contrato.
   7.3. Declaración de nulidad del contrato.
8. Pago del precio del contrato.
9. Cesión del contrato y subcontratación.

5. Test de autoevaluación

1. *Los contratos administrativos en sus efectos se regirán:*

a) Preferentemente por la normativa general de las Administraciones Públicas.
b) Preferentemente por las normas relativas a la ejecución del contrato previstas en el Derecho privado.
c) Exclusivamente por la normativa específica y sectorial.
d) Por lo establecido en la LCSP y sus normas de desarrollo, supletoriamente se aplicarán las restantes normas de derecho administrativo y, en su defecto, las normas de derecho privado.

2. *Los contratos privados del sector público celebrados por poderes adjudicadores no considerados Administraciones Públicas en sus efectos, ejecución y extinción se regirán:*

a) Exclusivamente por las normas de desarrollo de la LCSP.
b) Por las normas generales de Derecho administrativo.
c) Preferentemente por la normativa específica o sectorial.
d) Por las normas de derecho privado. No obstante, les será de aplicación lo dispuesto en la LCSP en relación a determinadas obligaciones contractuales.

3. *Los contratos privados de las Administraciones Públicas en sus efectos, ejecución y extinción se regirán:*

a) Por el contenido íntegro de la LCSP.
b) Por el derecho privado. No obstante, a los contratos sujetos a regulación armonizada que especifica el artículo 25.1.*a*) LCSP les será de aplicación lo establecido en la LCSP en relación a las condiciones especiales de ejecución, modificación, cesión, subcontratación y resolución de los contratos.
c) Las cuatro fases contractuales se regirán por las normas de desarrollo de la LCSP.
d) Por la normativa general de las Administraciones Pública, supletoriamente se aplicarán las restantes normas de derecho administrativo y, en su defecto, las normas de derecho privado.

4. *Podrán ejercer las prerrogativas que contempla la LCSP en la ejecución del contrato:*

a) Todos los entes, entidades y organismos que conforman el sector público español.
b) Exclusivamente los poderes adjudicadores no considerados Administración Pública.
c) Las Administraciones Públicas cuando celebren contratos privados del sector público.
d) Las Administraciones Públicas en la ejecución del contrato administrativo.

5. *Las prerrogativas de la Administración en la ejecución del contrato administrativo*:

a) Nacen del contrato, de las cláusulas incluidas en el pliego de cláusulas administrativas particulares.
b) Traen causa de la ley y, por tanto, no son expresión de un derecho subjetivo sino del ejercicio de una potestad atribuida a la Administración para atender a los intereses públicos.
c) Tienen su origen en la formalización del contrato del sector público.
d) Suponen la aplicación de determinados principios generales del derecho.

6. *Las prerrogativas de las Administraciones Públicas en la ejecución del contrato administrativo implican:*

a) La aplicación exclusiva del principio de buena administración.
b) Preferentemente transparencia e información.
c) Interpretar y resolver las dudas de los contratos administrativos, modificarlos por razones de interés público, declarar la responsabilidad imputable al contratista a raíz de la ejecución del contrato, suspender la ejecución del mismo y acordar su resolución.
d) La libertad de pactos.

7. *El contratista puede transmitir los derechos y obligaciones derivados del contrato:*

a) En todo caso y en cualquier momento.
b) Mediante la subcontratación.
c) A través de la sustitución.
d) Mediante la cesión del contrato de acuerdo con lo establecido en el artículo 214 LCSP.

8. *La cesión del contrato supone:*

a) Que un contratista sustituye parcialmente a otro por un tiempo determinado.

b) La existencia de cierta reciprocidad entre las partes para la buena ejecución del contrato.

c) La transmisión de alguna función específica del contrato.

d) La transferencia por parte del contratista de los derechos y obligaciones derivados del contrato a un tercero siempre que las cualidades técnicas o personales del mismo no hayan sido la razón determinante de la adjudicación del contrato.

9. *La declaración de nulidad de los actos preparatorios o del acto de adjudicación de un contrato:*

a) Obliga a restaurar el equilibrio económico del contrato.

b) Puede ser subsanada en cualquier momento.

c) Produce una irregularidad no invalidante.

d) Implica la nulidad del contrato, que entrará en fase de liquidación, debiendo restituirse las partes recíprocamente las cosas que hubiesen recibido en virtud del mismo y si esto no fuese posible se devolverá su valor.

10. *El contratista seleccionado en el acto de adjudicación del contrato está facultado por la LCSP:*

a) Para transmitir el contrato sin autorización previa amparado en el principio de autonomía de la voluntad contractual.

b) Para concertar con terceros la realización parcial de la prestación con sujeción a lo que dispongan los pliegos, salvo que conforme a lo establecido en el artículo 215.2 LCSP, la prestación o parte de la misma haya de ser ejecutada directamente por el contratista.

c) A ceder los actos de preparación del contrato.

d) Imponer penalidades por incumplimiento de las obligaciones contractuales.

V. ACTIVIDADES COMPLEMENTARIAS

ACTIVIDAD 1. *Caso práctico.*

El Ayuntamiento de Aldeanueva, con la finalidad de ofrecer un servicio eficaz y seguro de socorrismo en la piscina municipal, hace pública la convocatoria de un contrato con un presupuesto de 250.000 euros para seleccionar a un monitor y a un socorrista que de forma permanente presten sus servicios en las horas en que permanezca abierta al público. En el anuncio de licitación el Ayuntamiento incluye también la limpieza y el mantenimiento y salubridad de la piscina, del jardín y de todo el entorno que la rodea, así como la explotación de un bar-cafetería situado dentro del recinto. Adjudicado el contrato, el contratista inicia la ejecución sin haber constituido la garantía definitiva y sin aportar los medios personales y materiales a que se comprometió. La cualificación profesional del monitor y del socorrista no fue la prevista y el desarrollo de la prestación lo diligente y eficaz que el Ayuntamiento esperaba, por lo que la empresa adjudicataria se ve inmersa en una demanda de responsabilidad por los daños y lesiones producidos a un menor de edad como consecuencia de la falta de seguridad, salubridad, limpieza e higiene de la piscina.

El alumno deberá especificar y concretar las siguientes cuestiones: la consideración legal del ente contratante; el objeto contractual; la clase de contrato, el régimen jurídico y la jurisdicción a la que queda sometido; el sistema de responsabilidad contractual y extracontractual que contempla la LCSP; ¿quién deberá indemnizar los daños causados, el Ayuntamiento o el contratista?; los terceros dañados ¿a quién dirigirán su reclamación?, ¿a través de qué procedimiento?

ACTIVIDAD 2.

Conforme a las Directivas 2014/23/UE y 2014/24/UE y la LCSP el alumno deberá elaborar un informe sobre las diferencias y similitudes existentes en la ejecución y extinción de los contratos celebrados por las Administraciones Públicas y los contratos celebrados por los demás entes del sector público, estableciendo el régimen jurídico a los que quedan sometidos.

ACTIVIDAD 3.

El alumno deberá elaborar un esquema claro y preciso de la estructura y del contenido que la LCSP contempla para los efectos, ejecución y extinción de los distintos tipos de contratos del sector público.

LECCIÓN 4

CONTRATO DE OBRAS, CONCESIÓN DE OBRAS, CONCESIÓN DE SERVICIOS, SUMINISTRO, SERVICIOS Y CONTRATOS MIXTOS

FRANCISCO M. BOMBILLAR SÁENZ
Profesor Titular de Derecho Administrativo
Universidad de Granada

I. PALABRAS CLAVE

Contrato de obras. Contrato de concesión de obras. Contrato de concesión de servicios. Contrato de suministro. Contrato de servicios. Contratos mixtos. Contratos excluidos.

II. OBJETIVOS

a) Conocer la institución que permite, normalmente, a la Administración Pública contratar con el sector privado para saber cuándo esta actuación es conforme a Derecho.

b) Analizar las diferentes modalidades de contratos típicos que puede celebrar la Administración Pública con sujeción al Derecho Administrativo para conocer su específico régimen jurídico: obras, concesión de obras, concesión de servicios, suministro y servicios, sin olvidar los contratos mixtos.

c) Comprender y sistematizar las reglas específicas que rigen cada modalidad de los contratos administrativos típicos.

III. CONTENIDO DOCENTE

1. LOS CONTRATOS TÍPICOS TRAS LA LCSP DE 2017

Es objeto de esta lección la exposición de la regulación de los contratos de obras, de concesión de obras, de concesión de servicios, de suministro, de servicios, así como los contratos mixtos, en la Ley 9/2017, de 8 de noviembre, de Contratos del Sector Público, por la que se transponen al ordenamiento jurídico español las Directivas del Parlamento Europeo y del Consejo 2014/23/UE y 2014/24/UE, de 26 de febrero de 2014 (en adelante, LCSP).

El régimen jurídico específico correspondiente al contrato de obras, al de suministro y al contrato de servicios no ha sufrido excesivas reformas, tan solo meras modificaciones puntuales. Las principales novedades en este ámbito se han introducido en la regulación del contrato de concesión (viendo la luz el contrato de concesión de servicios) y en el contrato de colaboración público privada (que se suprime).

En el ámbito de las concesiones, desaparece la figura del contrato de gestión de servicio público y, con ello, la regulación de los diferentes modos de gestión indirecta de los servicios públicos del anterior Texto Refundido (concesión, gestión interesada, concierto y sociedad de economía mixta). De la mano de la Directiva relativa a la adjudicación de contratos de concesión, este contrato ampliamente asentado se fragmenta en dos: contrato de concesión de servicios y contrato de servicios, atendiendo a que haya o no transferencia del riesgo operacional al prestador del servicio (al contratista) y siempre que se contraten prestaciones a las personas.

Por otra parte, se suprime la figura del contrato de colaboración público privada, como consecuencia de la escasa utilidad de esta figura en la práctica. La experiencia ha demostrado que el objeto de este contrato se puede realizar a través de otras modalidades contractuales, como es, fundamentalmente, el contrato de concesión.

En relación con el recurso especial en materia de contratación, este resulta ahora de aplicación en el caso de contratos de obras, de concesión de obras y de concesión de servicios cuyo valor estimado supere los tres millones, y contratos de servicios y de suministros cuyo valor supere los cien mil euros. Están sujetos a regulación armonizada los contratos que superen los umbrales fijados en los artículos 20 (contratos de obras, de concesión de obras y de concesión de servicios), 21 (contratos de suministros) y 22 (contratos de servicios) de la LCSP, en la redacción dada por la Orden Ministerial HAC/1.272/2019.

La emergencia sanitaria que vivimos por mor del COVID-19 se ha combatido también desde el plano de la contratación pública. A este respecto, véase el dictado del artículo 34 del Real Decreto-Ley 8/2020 y los trabajos en este terreno de GIMENO FELIÚ, GALLEGO CÓRCOLES o DE GUERRERO MANSO.

2. CONTRATO DE OBRAS

2.1. *Concepto*

Son contratos de obras (art. 13.1 LCSP) aquellos que tienen por objeto uno de los siguientes: *a*) la ejecución de una obra, aislada o conjuntamente con la redacción del proyecto, o la realización de alguno de los trabajos enumerados en el Anexo I de la LCSP (entre otros, instalación eléctrica, fontanería, carpintería, pintura o acristalamiento); o *b*) la realización, por cualquier medio, de una obra que cumpla los requisitos fijados por la entidad del sector público contratante que ejerza una influencia decisiva en el tipo o el proyecto de la obra.

Por «obra» (art. 13.2 LCSP) se entenderá el resultado de un conjunto de trabajos de construcción o ingeniería civil (el contrato se orienta precisamente a su consecución), destinado a cumplir por sí mismo una función económica o técnica, que tenga por objeto un bien inmueble (no procede sobre bienes de otra naturaleza). A efectos meramente ilustrativos, piénsese, por ejemplo, en los contratos subscritos de cara a la construcción de un pabellón polideportivo, un hospital o una escuela.

Aun cuando la Administración Pública podría ejecutar las obras que pretendiera realizar a través de sus propios medios, la LCSP comporta, en el marco de sus artículos 30 y siguientes, la necesaria obligatoriedad *ex lege* de recurrir al sector privado para la ejecución de la obra pública.

2.2. *Actuaciones preparatorias*

La LCSP establece disposiciones comunes para la fase de preparación del procedimiento de contratación sea cual fuere la clase o modalidad de contrato que la Administración pretenda llevar a cabo. Sin embargo, en virtud de las connotaciones propias de esta clase de contrato, la LCSP contempla reglas especiales adicionales.

A) Elaboración del proyecto de obras

La adjudicación de un contrato de obras requerirá la previa elaboración, supervisión, aprobación y replanteo del correspondiente proyecto que definirá con precisión el objeto del contrato (art. 231 LCSP).

La elaboración del proyecto permite determinar los aspectos técnicos y estructurales de la obra (junto con el correspondiente pliego de prescripciones técnicas) y el valor económico estimado de la misma.

Este proyecto podrá ser elaborado por los técnicos de la Administración contratante, por técnicos ajenos en virtud de un contrato de prestación de servicios, o por la empresa adjudicataria cuando estemos ante una adjudicación conjunta.

A los efectos de elaboración de los proyectos se clasificarán las obras, según su objeto y naturaleza, en los grupos siguientes (art. 232.1 LCSP):

a) Obras de primer establecimiento, reforma, restauración, rehabilitación o gran reparación (cuando se afecte a la estructura resistente).

b) Obras de reparación simple (cuando no se afecte a la estructura resistente).

c) Obras de conservación y mantenimiento.

d) Obras de demolición.

Los proyectos de obras deberán comprender, al menos (art. 233.1 LCSP):

a) Una memoria en la que se describa el objeto de las obras, que recogerá los antecedentes y situación previa a las mismas, las necesidades a satisfacer y la justificación de la solución adoptada, detallándose los factores de todo orden a tener en cuenta.

b) Los planos de conjunto y de detalle necesarios para que la obra quede perfectamente definida, así como los que delimiten la ocupación de terrenos y la restitución de servidumbres y demás derechos reales, en su caso, y servicios afectados por su ejecución.

c) El pliego de prescripciones técnicas particulares, donde se hará la descripción de las obras y se regulará su ejecución, con expresión de la forma en que esta se llevará a cabo, las obligaciones de orden técnico que correspondan al contratista, y la manera en que se llevará a cabo la medición de las unidades ejecutadas y el control de calidad de los materiales empleados y del proceso de ejecución.

d) Un presupuesto, integrado o no por varios parciales, con expresión de los precios unitarios y de los descompuestos, en su caso, estado de mediciones y los detalles precisos para su valoración.

e) Un programa de desarrollo de los trabajos o plan de obra de carácter indicativo, con previsión, en su caso, del tiempo y coste.

f) Las referencias de todo tipo en que se fundamentará el replanteo de la obra.

g) El estudio de seguridad y salud o, en su caso, el estudio básico de seguridad y salud, en los términos previstos en las normas de seguridad y salud en las obras.

h) Cuanta documentación venga prevista en normas de carácter legal o reglamentario.

i) Un estudio geotécnico de los terrenos sobre los que la obra se va a ejecutar cuando por su naturaleza así lo requiera (art. 233.3 LCSP).

Los autores del proyecto incurrirán en responsabilidad cuando la elaboración del proyecto haya sido contratada íntegramente por la Administración; fundamentalmente, a la luz de los artículos 314 y 315 LCSP, en dos supuestos: *a*) cuando el proyecto sea defectuoso o insuficiente y no sea posible la ejecución de las obras, y *b*) cuando el presupuesto de ejecución de la obra prevista en el proyecto varíe en más de un 20 por 100 por exceso o por defecto del coste real de la obra como consecuencia de errores u omisiones imputables a dichos autores.

En concordancia con lo establecido en el párrafo anterior, el artículo 315.2 LCSP establece que el contratista también incurrirá en responsabilidad por los daños y perjuicios que durante la ejecución de las obras se causen tanto a la Administración como a terceros, por defectos e insuficiencias técnicas del proyecto o por los errores materiales, omisiones e infracciones de preceptos legales o reglamentarios en que hubiera incurrido, y que a él le se sean imputables.

B) Presentación del proyecto por el empresario

La contratación conjunta de la elaboración del proyecto y la ejecución de las obras correspondientes (aquí el contratista se ocuparía también de la redacción del proyecto, no solo de su ejecución) tendrá carácter excepcional y solo podrá efectuarse en los siguientes supuestos cuya concurrencia deberá justificarse debidamente en el expediente (art. 234.1 LCSP):

a) Cuando motivos de orden técnico obliguen necesariamente a vincular al empresario a los estudios de las obras. Estos motivos deben estar ligados al destino o a las técnicas de ejecución de la obra.

b) Cuando se trate de obras cuya dimensión excepcional o dificultades técnicas singulares requieran soluciones aportadas con medios y capacidad técnica propias de las empresas.

En todo caso, la licitación de este tipo de contrato requerirá la redacción previa por la Administración o entidad contratante del correspondiente anteproyecto o documento similar y solo, cuando por causas justificadas fuera conveniente al interés público, podrá limitarse la Administración a redactar las bases técnicas a que el proyecto deba ajustarse (art. 234.2 LCSP).

El contratista presentará el proyecto al órgano de contratación para su supervisión, aprobación y replanteo. En el supuesto de que el órgano de contratación y el contratista no llegaren a un acuerdo sobre los precios, el último quedará exonerado de ejecutar las obras, sin otro derecho frente al órgano de contratación que el pago de los trabajos de redacción del correspondiente proyecto (art. 234.3 LCSP).

C) Supervisión del proyecto

La supervisión del proyecto consiste en su verificación técnica y jurídica. La LCSP la exige con carácter obligatorio cuando el presupuesto base de licitación del contrato de obras sea igual o superior a 500.000 euros (art. 235 LCSP). En este caso, los órganos de contratación deberán solicitar un informe de las correspondientes oficinas o unidades de supervisión de los proyectos encargadas de verificar que se han tenido en cuenta las disposiciones generales de carácter legal o reglamentario, así como la normativa técnica de aplicación para cada tipo de proyecto.

En los proyectos de presupuesto base de licitación inferior al señalado, el informe tendrá carácter facultativo, salvo que se trate de obras que afecten a la estabilidad, seguridad o estanqueidad de la obra, en cuyo caso el informe de supervisión será igualmente preceptivo.

D) Aprobación del proyecto

La aprobación del proyecto corresponderá al órgano de contratación, salvo que tal competencia esté específicamente atribuida a otro órgano por una norma jurídica (art. 231.1 LCSP).

E) Replanteo del proyecto

El replanteo consiste en proyectar la obra sobre el ámbito físico o material donde se va a llevar a cabo, una vez aprobado el proyecto y previamente a la aprobación del expediente de contratación de la obra. Esto es, se procede a comprobar la realidad geométrica de la misma y la disponibilidad de los terrenos precisos para su normal ejecución (art. 236 LCSP).

F) Procedimiento de Evaluación de Impacto Ambiental

Es necesario advertir que de conformidad con la Ley 21/2013, de 9 de diciembre, de evaluación ambiental, las obras sujetas a esta norma habrán de someterse a un procedimiento de evaluación de impacto ambiental que terminará con un acto administrativo (declaración de impacto ambiental) que determinará la viabilidad o no de la obra proyectada a los meros efectos ambientales.

2.3. *Adjudicación*

La adjudicación se realizará, ordinariamente utilizando una pluralidad de criterios de adjudicación basados en el principio de mejor relación calidad-precio, y utilizando el procedimiento abierto o el procedimiento restringido, salvo los contratos de concesión de servicios especiales del Anexo IV, que se adjudicarán mediante este último procedimiento. Nos remitimos a los artículos 131 y siguientes de la LCSP.

En los supuestos del artículo 168 podrá seguirse el procedimiento negociado sin publicidad [para el contrato de obras, hay que acudir a lo apuntado en los apartados *a*) y *b*)]; en los casos previstos en el artículo 167 podrá recurrirse al diálogo competitivo o a la licitación con negociación, y en los indicados en el artículo 177 podrá emplearse el procedimiento de asociación para la innovación.

2.4. *Ejecución*

A) Comprobación del replanteo

La ejecución del contrato de obras comenzará con el acta de comprobación del replanteo (art. 237 LSCP). A tales efectos, dentro del plazo que se consigne en el contrato que no podrá ser superior a un mes desde la fecha de su formalización salvo casos excepcionales justificados, el servicio de la Administración encargada de las obras procederá, en presencia del contratista, a efectuar la comprobación del replanteo hecho previamente a la licitación, extendiéndose acta del resultado que será firmada por ambas partes interesadas, remitiéndose un ejemplar de la misma al órgano que celebró el contrato. En el «replanteo del proyecto» solo interviene la Administración, en la «comprobación del replanteo» intervienen ambas partes.

B) Ejecución de las obras y responsabilidad del contratista

Las obras se ejecutarán con estricta sujeción a las estipulaciones contenidas en el pliego de cláusulas administrativas particulares y al proyecto que sirve de base al contrato y conforme a las instrucciones que en interpretación técnica de este diere al contratista la dirección facultativa de las obras (art. 238.1 LCSP).

Durante el desarrollo de las obras y hasta que se cumpla el plazo de garantía el contratista es responsable de todos los defectos que en la construcción puedan advertirse (art. 238.3 LCSP), en aplicación del principio de riesgo y ventura. El contratista será responsable de cualquier anormalidad que irrumpa en la correcta ejecución del contrato en los términos estipulados.

Solo en los supuestos de fuerza mayor y siempre que no exista actuación imprudente por parte del contratista, este tendrá derecho a una indemnización por los daños y perjuicios que se le hubieren producido en la ejecución del contrato (art. 239.1 LCSP). Tendrán la consideración de casos de fuerza mayor (interpretados de forma restrictiva tanto por la jurisprudencia como por la doctrina del Consejo de Estado) los siguientes (art. 239.2 LCSP):

a) Los incendios causados por la electricidad atmosférica.

b) Los fenómenos naturales de efectos catastróficos, como maremotos, terremotos, erupciones volcánicas, movimientos del terreno, temporales marítimos, inundaciones u otros semejantes.

c) Los destrozos ocasionados violentamente en tiempo de guerra, robos tumultuosos o alteraciones graves del orden público.

C) Certificaciones y abonos a cuenta

El pago del precio contemplado en el contrato podrá ser abonado por la Administración contratante al contratista en una sola y única vez tras la completa finalización de la obra, o en varias veces de forma parcial durante el periodo de ejecución de la obra. En este último caso la LCSP distingue entre «certificaciones» de obra y «abonos a cuenta».

A los efectos del pago la Administración expedirá mensualmente, en los primeros diez días siguientes al mes al que correspondan, certificaciones que comprendan la obra ejecutada conforme a proyecto durante dicho periodo de tiempo, salvo prevención en contrario en el pliego de cláusulas administrativas particulares, cuyos abonos tienen el concepto de pagos a cuenta sujetos a las rectificaciones y variaciones que se produzcan en la medición final y sin suponer en forma alguna aprobación y recepción de las obras que comprenden (art. 240.1 LCSP).

La certificación de obra tiene lugar sobre porciones reales de obra ejecutada. Es decir, la Administración contratante periódicamente (mensualmente por lo general) procederá a realizar una medición de la obra que realmente el contratista ha realizado durante ese periodo para, previa valoración, proceder a su abono en el plazo de treinta días desde su emisión. En la ejecución de toda obra por lo general se emitirán varias certificaciones ordinarias y una final que tendrá lugar una vez que la Administración haya recepcionado de forma provisional las obras objeto del contrato.

El contratista tendrá también derecho a percibir abonos a cuenta sobre su importe por las operaciones preparatorias realizadas (no por las unidades de obra realmente ejecutadas) como instalaciones y acopio de materiales o equipos de maquinaria pesada adscritos a la obra, en las condiciones que se señalen en los respectivos pliegos de cláusulas administrativas particulares y conforme al régimen y los límites que con carácter general se determinen reglamentariamente, debiendo asegurar los referidos pagos mediante la prestación de garantía (art. 240.2 LCSP).

Tanto las certificaciones de obra como los abonos a cuenta tienen la consideración jurídica de pagos a cuenta. Es decir, unas y otros no tienen carácter definitivo, sino que pueden ser objeto de modificación, alteración y rectificación una vez que se produzca la liquidación definitiva del contrato que tendrá lugar transcurrido el periodo de garantía de la obra tras su recepción definitiva. Así, aun cuando el contratista haya percibido a cuenta del precio estipulado en contrato un importe por «certificaciones» y «abonos» equivalente a dicho precio, de la liquidación definitiva puede resultar un saldo a favor de la Administración contratante. Pues bien, en este caso, los pagos realizados por la Administración en concepto de «abonos» y «certificaciones» no exoneran al contratista del pago de dicho saldo.

D) Obras a tanto alzado y obras con precio cerrado

Por lo general, para esta tipología de contrato, el precio se determinará atendiendo a las unidades que se pretendan realizar y que integren el objeto del contrato. Sin embargo, el artículo 241 LCSP, con carácter excepcional, y cuando la naturaleza de la obra así lo permita, establece la posibilidad de fijar el precio a tanto alzado (esto es, sin precios unitarios). Es más, este sistema de retribución a tanto alzado podrá, en su caso, configurarse como de precio cerrado, con el efecto de que el precio ofertado por el adjudicatario se mantendrá invariable, no siendo abonables las modificaciones del contrato que sean necesarias para corregir errores u omisiones padecidos en la redacción del proyecto (art. 241.2 LCSP).

La contratación de obras a tanto alzado con precio cerrado requerirá que se cumplan las siguientes condiciones (art. 241.3 LCSP):

a) Que así se prevea en el pliego de cláusulas administrativas particulares del contrato, pudiendo este establecer que algunas unidades o partes de la obra se excluyan de este sistema y se abonen por precios unitarios.

b) Las unidades de obra cuyo precio se vaya a abonar con arreglo a este sistema deberán estar previamente definidas en el proyecto y haberse replanteado antes de la licitación. El órgano de contratación deberá garantizar a los interesados el acceso al terreno donde se ubicarán las obras, a fin de que puedan realizar sobre el mismo las comprobaciones que consideren oportunas con suficiente antelación a la fecha límite de presentación de ofertas.

c) Que el precio correspondiente a los elementos del contrato o unidades de obra contratados por el sistema de tanto alzado con precio cerrado sea abonado mensualmente, en la misma proporción que la obra ejecutada en el mes a que corresponda guarde con el total de la unidad o elemento de obra de que se trate.

d) Cuando en el pliego se autorice a los licitadores la presentación de variantes sobre determinados elementos o unidades de obra que de acuerdo con el pliego de cláusulas administrativas particulares del contrato deban ser ofertadas por el precio cerrado, las citadas variantes deberán ser ofertadas bajo dicha modalidad.

E) Modificación del contrato de obras

Son de aplicación para este contrato las prescripciones generales establecidas en el artículo 206 LCSP (serán obligatorias para el contratista las modificaciones del contrato de obras que se acuerden), a las que hay que sumar las reglas específicas que a este respecto contempla el artículo 242 LCSP.

En caso de que la modificación suponga supresión o reducción de unidades de obra, el contratista no tendrá derecho a reclamar indemnización alguna (art. 242.1 LCSP).

Cuando las modificaciones supongan la introducción de unidades de obra no previstas en el proyecto o cuyas características difieran de las fijadas en este, y no sea necesario realizar una nueva licitación, los precios aplicables a las mismas serán fijados por la Administración, previa audiencia del contratista por plazo mínimo de tres días hábiles. Cuando el contratista no aceptase los precios fijados, el órgano de contratación podrá contratarlas con otro empresario en los mismos precios que hubiese fijado, ejecutarlas directamente u optar por la resolución del contrato (art. 242.2 LCSP).

No obstante, no tendrán la consideración de modificaciones (art. 242.4 LCSP), y por tanto no requerirán aprobación expresa del órgano de contratación:

i) El exceso de mediciones, entendiendo por tal, la variación que durante la correcta ejecución de la obra se produzca exclusivamente en el número de unidades realmente ejecutadas sobre las previstas en las mediciones del proyecto, siempre que en global no representen un incremento del gasto superior al 10 por 100 del precio del contrato inicial. Dicho exceso de mediciones será recogido en la certificación final de la obra.

ii) La inclusión de precios nuevos, fijados contradictoriamente por los procedimientos establecidos en la LCSP y en sus normas de desarrollo, siempre que no supongan incremento del precio global del contrato ni afecten a unidades de obra que en su conjunto exceda del 3 por 100 del presupuesto primitivo del mismo.

Cuando la tramitación de una modificación exija la suspensión temporal total de la ejecución de las obras y ello ocasione graves perjuicios para el interés público (art. 242.5 LCSP), la Administración contratante podrá acordar que continúen provisionalmente las mismas tal y como esté previsto en la propuesta técnica que elabore la dirección facultativa, siempre que el importe máximo previsto no supere el 20 por 100 del precio inicial del contrato y exista crédito adecuado y suficiente para su financiación.

2.5. *Extinción*

La extinción o terminación del contrato de obra puede suceder bien por cumplimiento bien por resolución del mismo.

A) Cumplimiento del contrato de obras

a) Recepción provisional y certificación final de obra

A la recepción de las obras a su terminación y a los efectos establecidos en la LCSP, concurrirá un facultativo designado por la Administración representante de esta, el facultativo encargado de la dirección de las obras y el contratista asistido, si lo estima oportuno, de su facultativo. Dentro del plazo de tres meses contados a partir de la recepción (o hasta cinco meses si la obra supera los doce millones de euros), el órgano de contratación deberá aprobar la certificación final de las obras ejecutadas, que será abonada al contratista a cuenta de la liquidación del contrato (art. 243.1 LCSP).

Si se encuentran las obras en buen estado y con arreglo a las prescripciones previstas, el funcionario técnico designado por la Administración las dará por recibidas, levantándose la correspondiente acta y comenzando entonces el plazo de garantía. Cuando las obras no se hallen en estado de ser recibidas se hará constar así en el acta y el director de las mismas señalará los defectos observados y detallará las instrucciones precisas fijando un plazo para remediar aquellos. Si transcurrido dicho plazo el contratista no lo hubiere efectuado, podrá concedérsele otro nuevo plazo improrrogable o declarar resuelto el contrato (art. 243.2 LCSP).

b) Recepción definitiva y liquidación del contrato

El plazo de garantía se establecerá en el pliego de cláusulas administrativas particulares atendiendo a la naturaleza y complejidad de la obra y no podrá ser inferior a un año salvo casos especiales (art. 243.3 LCSP).

Dentro del plazo de quince días anteriores al cumplimiento del plazo de garantía, el director facultativo de la obra, de oficio o a instancia del contratista, redactará un informe sobre el estado de las obras. Si este fuera favorable, el contratista quedará exonerado de toda responsabilidad, salvo lo dispuesto en relación con los vicios ocultos, procediéndose a la devolución o cancelación de la garantía, a la liquidación del contrato y, en su caso, al pago de las obligaciones pendientes que deberá efectuarse en el plazo de sesenta días.

En el caso de que el informe no fuera favorable y los defectos observados se debiesen a deficiencias en la ejecución de la obra y no al uso de lo construido, durante el plazo de garantía, el director facultativo procederá a dictar las oportunas instrucciones al contratista para la debida reparación de lo construido, concediéndole un plazo para ello durante el cual continuará encargado de la conservación de las obras, sin derecho a percibir cantidad alguna por ampliación del plazo de garantía.

c) Responsabilidad por vicios ocultos

Transcurrido el periodo de garantía, comenzará a computarse el plazo de quince años de responsabilidad del contratista por vicios ocultos de la construcción (lo que incluye los daños materiales causados en la obra por vicios o defectos que afecten a la cimentación, los soportes, las vigas, los forjados, los muros de carga u otros elementos estructurales), respondiendo de los daños y perjuicios que se produzcan o se manifiesten a causa de su incumplimiento del contrato. Superados estos quince años sin que se haya manifestado ningún daño o perjuicio, quedará totalmente extinguida la responsabilidad del contratista (art. 244.1 LCSP).

Las acciones para exigir esta responsabilidad prescribirán en el plazo de dos años a contar desde que se produzcan o se manifiesten dichos daños, sin perjuicio de las acciones que puedan subsistir para exigir responsabilidades por incumplimiento contractual (art. 244.2 LCSP).

B) Resolución del contrato de obras

Por lo que a este contrato se refiere, son causas de resolución, además de las generales de la LCSP, las siguientes (art. 245 LCSP):

a) La demora injustificada en la comprobación del replanteo.

b) La suspensión de la iniciación de las obras por plazo superior a cuatro meses.

c) La suspensión de las obras por plazo superior a ocho meses por parte de la Administración.

d) El desistimiento.

La resolución del contrato dará lugar a la comprobación, medición y liquidación de las obras realizadas con arreglo al proyecto, fijando los saldos pertinentes a favor o en contra del contratista (art. 246.2 LCSP). En los supuestos de desistimiento o de suspensión de las mismas por parte de la Administración, el contratista tendrá derecho a percibir por todos los conceptos una indemnización (art. 246.3 LCSP).

3. Contrato de concesión de obras

3.1. *Concepto*

Este contrato sirve de instrumento para que la Administración avance en el desarrollo de obras e infraestructuras con escaso coste para sus arcas, vinculando, para ello, al sector privado.

La concesión de obras (art. 14.1 LCSP) es un contrato que tiene por objeto la realización por el concesionario de algunas de las prestaciones a que se refiere el contrato de obras, incluidas las de restauración y reparación de construcciones existentes, así como la conservación y mantenimiento de los elementos construidos, y en el que la contraprestación a favor de aquel consiste, o bien únicamente en el derecho a explotar la obra, o bien en dicho derecho acompañado del de percibir un precio. A efectos meramente ilustrativos, piénsese por ejemplo en el contrato suscrito para la construcción y posterior explotación comercial de un aparcamiento subterráneo.

El contrato podrá comprender, además, el siguiente contenido (art. 14.2 LCSP):

a) La adecuación, reforma y modernización de la obra para adaptarla a las características técnicas y funcionales requeridas para la correcta prestación de los servicios o la realización de las actividades económicas a las que sirve de soporte material.

b) Las actuaciones de reposición y gran reparación que sean exigibles en relación con los elementos que ha de reunir cada una de las obras para mantenerse apta a fin de que los servicios y actividades a los que aquellas sirven puedan ser desarrollados adecuadamente de acuerdo con las exigencias económicas y las demandas sociales.

El contrato de concesión de obras podrá también prever que el concesionario esté obligado a proyectar, ejecutar, conservar, reponer y reparar aquellas obras que sean accesorias o estén vinculadas con la principal y que sean necesarias para que esta cumpla la finalidad determinante de su construcción y que permitan su mejor funcionamiento y explotación, así como a efectuar las actuaciones ambientales relacionadas con las mismas que en ellos se prevean. En el supuesto de que las obras vinculadas o accesorias puedan ser objeto de explotación o aprovechamiento económico, estos corresponderán al concesionario conjuntamente con la explotación de la obra principal, en la forma determinada por los pliegos respectivos (art. 14.3 LCSP).

Atendiendo a su finalidad, es habitual que estas obras incluyan, además de las superficies que sean precisas según su naturaleza, otras zonas o terrenos para la ejecución de actividades complementarias, comerciales o industriales que sean necesarias o convenientes por la utilidad que prestan a los usuarios de las obras y que sean susceptibles de un aprovechamiento económico diferenciado, tales como establecimientos de hostelería, estaciones de servicio, zonas de ocio, estacionamientos, locales comerciales y otros susceptibles de explotación. Las correspondientes zonas o espacios quedarán sujetos al principio de unidad de gestión y control de la Administración Pública concedente y serán explotados conjuntamente con las obras por el concesionario, directamente o a través de terceros, en los términos establecidos en el oportuno pliego de la concesión (art. 260 LCSP).

El derecho de explotación de las obras deberá implicar la transferencia al concesionario de un riesgo operacional en la explotación de dichas obras abarcando el riesgo de demanda o el de suministro, o ambos (art. 14.4 LCSP). La transferencia del riesgo es el elemento clave que caracteriza a estos contratos administrativos.

Se entiende por riesgo de demanda el que se debe a la demanda real de las obras o servicios objeto del contrato y riesgo de suministro el relativo al suministro de las obras o servicios objeto del contrato, en particular el riesgo de que la prestación de los servicios no se ajuste a la demanda.

Se considerará que el concesionario asume un riesgo operacional cuando no esté garantizado que, en condiciones normales de funcionamiento, el mismo vaya a recuperar las inversiones realizadas ni a cubrir los costes en que hubiera incurrido como consecuencia de la explotación de las obras que sean objeto de la concesión. La parte de los riesgos transferidos al concesionario debe suponer una exposición real a las incertidumbres del mercado que implique que cualquier pérdida potencial estimada en que incurra el concesionario no es meramente nominal o desdeñable.

Tanto en los contratos de concesión de obras como de concesión de servicios necesariamente debe haber una transferencia del riesgo operacional de la Administración al concesionario, tal y como se expone en el artículo 14 LCSP que acabamos de referir, en línea con el Derecho de la Unión Europea.

3.2. *Actuaciones preparatorias*

A) Estudio de viabilidad

El estudio de viabilidad se erige en un instrumento en cuya virtud se realiza un análisis económico financiero del objeto del contrato. Dadas las connotaciones de esta modalidad contractual cuya financiación va a depender del éxito que se obtenga en el mercado y del riesgo que ello comporte para el contratista, resulta lógico y suficientemente justificado que el legislador prevea con carácter previo un análisis fundado de sus expectativas económicas para la realización, puesta en marcha y funcionamiento de la obra y de su explotación y gestión.

El estudio de viabilidad deberá contener, en consecuencia, una serie de datos, análisis, informes o estudios que se recogen de forma pormenorizada en el artículo 247.2 LCSP, entre otros: finalidad y justificación de las obras; ventajas cuantitativas y cualitativas que aconsejan la utilización de este contrato; previsiones sobre la demanda de uso e incidencia económica y social de las obras en su área de influencia y sobre la rentabilidad de la concesión; estudio de impacto ambiental; riesgos operativos y tecnológicos; coste de la inversión a realizar; estudio de seguridad y salud; valor actual neto de todas las inversiones, costes e ingresos; o existencia de una posible ayuda de Estado y compatibilidad de la misma con el Derecho Comunitario.

El estudio de viabilidad puede ser realizado por la Administración o por un empresario perteneciente al sector privado. Esta última opción comporta fomentar la iniciativa privada en el ámbito de la contratación pública. Cuando el estudio es realizado por un particular ajeno a la Administración, la LCSP no le otorga ningún derecho de adjudicación preferente de la concesión de obra pública, pues solo tiene derecho a percibir el importe de su realización y elaboración incrementada dicha cantidad en un 5 por 100 en concepto de compensación (art. 247.5 LCSP). Es decir, el estudio de viabilidad puede ser realizado por un empresario, la Administración puede aprobarlo, y en el correspondiente procedimiento de adjudicación resultar otorgada la concesión a otro empresario distinto de quien lo elaboró.

B) Anteproyecto de construcción y explotación de las obras

En función de la complejidad de las obras y del grado de definición de sus características, la Administración concedente, aprobado el estudio de viabilidad, podrá acordar la redacción del correspondiente anteproyecto (art. 248.1 LCSP).

El anteproyecto de construcción y explotación de las obras deberá contener, como mínimo, la siguiente documentación (art. 248.2 LCSP): una memoria en la que se expondrán las necesidades a satisfacer, los factores considerados para atender el objetivo fijado y la justificación de la solución que se propone; los planos necesarios para la definición de las obras; un presupuesto que comprenda los gastos de ejecución de las obras; o un estudio relativo al régimen de utilización y explotación de las obras, con indicación de su forma de financiación y del régimen tarifario que regirá.

El anteproyecto se someterá a información pública por el plazo de un mes, prorrogable por idéntico plazo en razón de su complejidad, para que puedan formularse cuantas observaciones se consideren oportunas sobre la ubicación y características de las obras, así como cualquier otra circunstancia referente a su declaración de utilidad pública, y dará traslado de este para informe a los órganos de la Administración afectados. Este trámite de información pública servirá también para cumplimentar el concerniente al estudio de impacto ambiental, en los casos en que la declaración de impacto ambiental resulte preceptiva y no se hubiera efectuado (art. 248.3 LCSP).

La Administración concedente aprobará el anteproyecto de las obras, considerando las alegaciones formuladas e incorporando las prescripciones de la declaración de impacto ambiental, e instará el reconocimiento concreto de la utilidad pública de esta a los efectos previstos en la legislación de expropiación forzosa (art. 248.4 LCSP).

C) Proyecto de las obras y replanteo

En el supuesto de que las obras sean definidas en todas sus características por la Administración concedente, se procederá a la redacción, supervisión, aprobación y replanteo del correspondiente proyecto, prescindiendo del anteproyecto apenas referido, y al reconocimiento de la utilidad pública de la obra a los efectos previstos en la legislación de expropiación forzosa (art. 249.1 LCSP). La aprobación del proyecto se realizará considerando las alegaciones que hubieren sido formuladas en el trámite de información pública.

D) Pliego de cláusulas administrativas particulares

El artículo 250.1 LCSP regula con exhaustividad los aspectos a los que han de hacer referencia los pliegos de cláusulas administrativas particulares de los contratos de concesión de obras: objeto del contrato; requisitos de capacidad y solvencia financiera, económica y técnica exigibles a los licitadores; cesión del contrato; contenido de las proposiciones (sociedad concesionaria, plan de realización de las obras, duración de la concesión, plan económico-financiero, previsiones de amortización, porcentaje de financiación con cargo a recursos públicos, mejoras...); sistema de retribución; umbral mínimo de beneficios; garantías; plazos para la elaboración del proyecto, la ejecución de las obras y su explotación; derechos y obligaciones específicas de las partes; penalidades y supuestos que puedan dar lugar al secuestro o intervención de la concesión; presentación de ofertas; distribución de los riesgos...

El órgano de contratación podrá incluir en el pliego, en función de la naturaleza y complejidad de este, un plazo para que los licitadores puedan solicitar las aclaraciones que estimen pertinentes sobre su contenido. Las respuestas tendrán carácter vinculante y deberán hacerse públicas en términos que garanticen la igualdad y concurrencia en el proceso de licitación (art. 250.2 LCSP).

A ello hemos de sumar el hecho de que los licitadores podrán introducir en el pliego las mejoras que consideren convenientes, y que podrán referirse a las características estructurales de la obra, a su régimen de explotación, a las medidas tendentes a evitar los daños al medio ambiente y los recursos naturales, o a mejoras sustanciales, pero no a su ubicación [art. 250.1.*d*).7.º LCSP]. Lo que pone de manifiesto la voluntad del legislador de incrementar el grado de participación privada en este procedimiento de contratación.

3.3. *Adjudicación*

Nos remitimos de nuevo a los artículos 131 y siguientes de la LCSP. En los supuestos del artículo 168 podrá seguirse el procedimiento negociado sin publicidad [para el contrato de concesión de obras, hay que acudir a lo apuntado en el apartado *a*)]; en los casos previstos en el artículo 167 podrá recurrirse al diálogo competitivo o a la licitación con negociación, y en los indicados en el artículo 177 podrá emplearse el procedimiento de asociación para la innovación.

La selección del contratista se llevará a cabo utilizando el procedimiento abierto, el restringido y, excepcionalmente, el negociado. Sin embargo, en la adjudicación del contratista deben regir más criterios cualitativos que cuantitativos dado el grado de participación del sector privado y las connotaciones específicas de esta clase de contrato. Por ello resulta más aconsejable el concurso que la subasta.

La LCSP mantiene la posibilidad de que se adjudique directamente a una sociedad de economía mixta un contrato de concesión de obras o de concesión de servicios (disp. adic. 22.ª), siguiendo el criterio del Tribunal de Justicia de la Unión Europea en la Sentencia 196/08 en el caso ACOSET, y en la Comunicación Interpretativa de la Comisión Europea relativa a la aplicación del Derecho Comunitario en materia de contratación pública y concesiones a la colaboración público-privada institucionalizada de 5 de febrero de 2008.

3.4. *Ejecución*

Los efectos, cumplimiento y extinción de los contratos de concesión de obras se regularán por la LCSP (art. 251 LCSP), excluidos los artículos 208 y 210. Tampoco resultarán de aplicación, salvo en la fase de construcción, el apartado 2 del artículo 192, el artículo 193 y el artículo 195.

A) Construcción de las obras objeto de concesión: la participación de la Administración o de terceros

Las obras se realizarán conforme al proyecto aprobado por el órgano de contratación y en los plazos establecidos en el pliego de cláusulas administrativas particulares, pudiendo ser ejecutadas con ayuda de la Administración. La ejecución de la obra que corresponda al concesionario podrá ser contratada en todo o en parte con terceros, de acuerdo con lo dispuesto en la LCSP y en el pliego de cláusulas administrativas particulares (art. 252.1 LCSP).

La ayuda de la Administración en la construcción de las obras podrá consistir en la ejecución por su cuenta de parte de la misma o en su financiación parcial. En el primer supuesto, la parte de obra que ejecute deberá presentar características propias que permitan su tratamiento diferenciado, y deberá ser objeto a su terminación de la correspondiente recepción formal. Si no dispusiera otra cosa el pliego de cláusulas administrativas particulares, el importe de la obra se abonará mediante «abonos a cuenta» o «certificaciones de obra». En el segundo supuesto, el importe de la financiación que se otorgue podrá abonarse en los términos pactados, durante la ejecución de las obras o bien una vez que aquellas hayan concluido (art. 252.2 LCSP).

Corresponde al concesionario el control de la ejecución de las obras que contrate con terceros debiendo ajustarse el control al plan que el concesionario elabore y resulte aprobado por el órgano de contratación. Este podrá en cualquier momento recabar información sobre la marcha de las obras y girar a las mismas las visitas de inspección que estime oportunas (art. 253 LCSP).

Las obras se ejecutarán a riesgo y ventura del concesionario (art. 254 LCSP), quien, además, asumirá el riesgo operacional de la concesión, salvo para aquella parte de la obra que pudiera ser ejecutada por cuenta de la Administración, en cuyo caso regirá el régimen general previsto para el contrato de obras. Si la concurrencia de fuerza mayor implicase mayores costes para el concesionario se procederá a ajustar el plan económico-financiero. Si la fuerza mayor impidiera por completo la realización de las obras se procederá a resolver el contrato, debiendo abonar el órgano de contratación al concesionario el importe total de las ejecutadas, así como los mayores costes en que hubiese incurrido como consecuencia del endeudamiento con terceros.

Una vez perfeccionado el contrato, el órgano de contratación solo podrá introducir modificaciones en el proyecto de acuerdo con la LCSP. El plan económico-financiero de la concesión deberá recoger en todo caso, mediante los oportunos ajustes, los efectos derivados del incremento o disminución de los costes (art. 255 LCSP).

A la terminación de las obras, y a efectos del seguimiento del correcto cumplimiento del contrato por el concesionario, se procederá al levantamiento de un acta de comprobación por parte de la Administración concedente. Al acta de comprobación se acompañará un documento de valoración de la obra pública ejecutada y, en su caso, una declaración del cumplimiento de las condiciones impuestas en la declaración de impacto ambiental, que será expedido por el órgano de contratación y en el que se hará constar la inversión realizada. La aprobación del acta de comprobación de las obras por el órgano de la Administración concedente llevará implícita la autorización para la apertura de las mismas al uso público, comenzando desde ese momento el plazo de garantía de la obra cuando haya sido ejecutada por terceros distintos del concesionario, así como la fase de explotación (art. 256 LCSP).

B) Derechos y obligaciones del concesionario

a) Derechos del concesionario

Los concesionarios tendrán los siguientes derechos (art. 257 LCSP):

a) El derecho a explotar las obras y percibir la tarifa por uso prevista en el contrato durante el tiempo de la concesión como contraprestación económica.

b) El derecho al mantenimiento del equilibrio económico de la concesión.

c) El derecho a utilizar los bienes de dominio público de la Administración concedente necesarios para la construcción, modificación, conservación y explotación de las obras.

d) El derecho a recabar de la Administración la tramitación de los procedimientos de expropiación forzosa, imposición de servidumbres y desahucio administrativo que resulten necesarios para la construcción, modificación y explotación de las obras, así como la realización de cuantas acciones sean necesarias para hacer viable el ejercicio de los derechos del concesionario.

e) El derecho a ceder la concesión y a hipotecar la misma, previa autorización del órgano de contratación en ambos casos.

f) La facultad de titulizar sus derechos de crédito.

g) Cualesquiera otros que le sean reconocidos por la LCSP u otras Leyes o por los pliegos de condiciones.

b) Obligaciones del concesionario

En el otro lado de la moneda, serán obligaciones generales del concesionario (art. 258 LCSP):

a) Ejecutar las obras con arreglo a lo dispuesto en el contrato.

b) Explotar las obras, asumiendo el riesgo operacional de su gestión con la continuidad y en los términos establecidos en el contrato u ordenados posteriormente por el órgano de contratación.

c) Admitir la utilización de las obras por todo usuario, en las condiciones que hayan sido establecidas de acuerdo con los principios de igualdad, universalidad y no discriminación, mediante el abono, en su caso, de la correspondiente tarifa.

d) Cuidar del buen orden y de la calidad de las obras, y de su uso, pudiendo dictar las oportunas instrucciones, sin perjuicio de los poderes de policía que correspondan al órgano de contratación.

e) Indemnizar los daños que se ocasionen a terceros por causa de la ejecución de las obras o de su explotación, cuando le sean imputables.

f) Proteger el dominio público que quede vinculado a la concesión, en especial, preservando los valores ecológicos y ambientales del mismo.

g) Cualesquiera otras previstas en la LCSP u otra Ley o en el pliego de cláusulas administrativas particulares.

El concesionario deberá cuidar de la adecuada aplicación de las normas sobre uso, policía y conservación de las obras (art. 259 LCSP).

C) Mantenimiento del equilibrio económico del contrato

Una mención especial, por su trascendencia práctica, merece la referencia al derecho que asiste al concesionario al «mantenimiento del equilibrio económico de la concesión», regulado en el artículo 270 LCSP.

El contrato de concesión de obras deberá mantener su equilibrio económico en los términos que fueron considerados para su adjudicación, teniendo en cuenta el interés general y el interés del concesionario. Se deberá restablecer el equilibrio económico del contrato, en beneficio de la parte que corresponda, en los siguientes supuestos:

a) Cuando la Administración, por razones de interés público, modifique las condiciones de explotación.

b) Cuando causas de fuerza mayor o actuaciones de la Administración Pública concedente determinaran de forma directa la ruptura sustancial de la economía del contrato.

En estos supuestos, el restablecimiento del equilibrio económico del contrato se realizará mediante la adopción de las medidas que en cada caso procedan. Estas medidas podrán consistir en la modificación de las tarifas establecidas por la utilización de las obras, la modificación de la retribución a abonar por la Administración concedente, la reducción del plazo concesional, cualquier modificación de las cláusulas de contenido económico incluidas en el contrato, la prórroga del contrato, o el aseguramiento de los rendimientos mínimos acordados en el contrato.

El mantenimiento del equilibrio económico del contrato se erige en una garantía para el concesionario que deberá ejecutar la Administración cuando los resultados económicos-financieros de la explotación arrojen resultados negativos en relación con las previsiones de esta naturaleza contempladas en el contrato.

D) Prerrogativas y derechos de la Administración

Dentro de los límites y con sujeción a los requisitos y con los efectos señalados en la LCSP, el órgano de contratación o, en su caso, el órgano que se determine en la legislación específica, ostentará, de acuerdo con lo estipulado en la LCSP, las siguientes prerrogativas y derechos (art. 261.1 LCSP):

a) Interpretar los contratos y resolver las dudas que ofrezca su cumplimiento.

b) Modificar unilateralmente los contratos por razones de interés público.

c) Decidir el restablecimiento del equilibrio económico de la concesión a favor del interés público.

d) Acordar la resolución de los contratos.

e) Establecer, en su caso, las tarifas máximas por la utilización de las obras.

f) Vigilar y controlar el cumplimiento de las obligaciones del concesionario, a cuyo efecto podrá inspeccionar el servicio, sus obras, instalaciones y locales, así como la documentación, relacionados con el objeto de la concesión.

g) Asumir la explotación de las obras en los supuestos en que se produzca el secuestro o intervención de la concesión.

h) Imponer al concesionario las penalidades pertinentes por razón de los incumplimientos en que incurra.

i) Ejercer las funciones de policía en el uso y explotación de las obras en los términos que se establezcan en la legislación sectorial específica.

j) Imponer con carácter temporal las condiciones de utilización de las obras que sean necesarias para solucionar situaciones excepcionales de interés general, abonando la indemnización que en su caso proceda.

k) Cualesquiera otros derechos reconocidos en la LCSP o en otras leyes.

a) Modificación de las obras

El órgano de contratación podrá acordar, cuando el interés público lo exija y si concurren las circunstancias previstas en la LCSP, la modificación de las obras, así como su ampliación, procediéndose, en su caso, a la revisión del plan económico-financiero al objeto de acomodarlo a las nuevas circunstancias (art. 262 LCSP), en conexión con el apuntado equilibrio económico de la concesión.

b) Secuestro o intervención de la concesión

El órgano de contratación, previa audiencia del concesionario, podrá acordar el secuestro o intervención de la concesión en los casos en que el concesionario no pueda hacer frente, temporalmente y con grave daño social, a la explotación de la obra por causas ajenas al mismo o incurriese en un incumplimiento grave de sus obligaciones que pusiera en peligro dicha explotación (art. 263 LCSP).

Efectuado el secuestro o intervención, corresponderá al órgano de contratación la explotación directa de la obra pública y la percepción de la contraprestación establecida, pudiendo utilizar el mismo personal y material del concesionario. El órgano de contratación designará uno o varios interventores que sustituirán plena o parcialmente al personal directivo de la empresa concesionaria. La explotación de la obra objeto de secuestro o intervención se efectuará por cuenta y riesgo del concesionario, a quien se devolverá, al finalizar aquel, con el saldo que resulte después de satisfacer todos los gastos, incluidos los honorarios de los interventores, y deducir, en su caso la cuantía de las penalidades impuestas.

El secuestro o intervención tendrá carácter temporal y su duración será la que determine el órgano de contratación sin que pueda exceder, incluidas las posibles prórrogas, de tres años. El órgano de contratación acordará de oficio o a petición del concesionario el cese del secuestro o intervención cuando resultara acreditada la desaparición de las causas que lo hubieran motivado y el concesionario justificase estar en condiciones de proseguir la normal explotación de la obra. Transcurrido el plazo fijado para el secuestro o intervención sin que el concesionario haya garantizado la asunción completa de sus obligaciones, el órgano de contratación resolverá el contrato de concesión.

c) Penalidades por incumplimiento del concesionario

Los pliegos de cláusulas administrativas particulares establecerán un catálogo de incumplimientos de las obligaciones del concesionario, distinguiendo entre los de carácter leve y grave. Deberán considerarse penalizables el incumplimiento total o parcial por el concesionario de las prohibiciones establecidas en la LCSP, la omisión de actuaciones que fueran obligatorias conforme a ella y, en particular, el incumplimiento de los plazos para la ejecución de las obras, la negligencia en el cumplimiento de sus deberes de uso, policía y conservación de la obra pública, la interrupción injustificada total o parcial de su utilización, y el cobro al usuario de cantidades superiores a las legalmente autorizadas (art. 264.1 LCSP).

En el marco de la LCSP, el órgano de contratación podrá imponer penalidades de carácter económico (art. 264.2 LCSP), la resolución de la concesión (art. 264.3 LCSP), el secuestro temporal de la concesión (art. 264.4 LCSP), así como multas coercitivas cuando el concesionario persista en el incumplimiento de sus obligaciones (art. 264.6 LCSP).

E) Régimen económico financiero de la concesión

Las obras objeto de concesión serán financiadas, total o parcialmente, por el concesionario que, en todo caso, asumirá el riesgo operacional. No obstante, cuando existan razones de rentabilidad económica o social, o concurran singulares exigencias derivadas del fin público o interés general de las obras objeto de concesión, la Administración (incluidas aquí otras Administraciones distintas dc la concedente a través de un convenio) podrá también aportar recursos públicos para su financiación (tanto para la ejecución de la obra como para la explotación), que adoptará la forma de financiación conjunta de la obra, mediante subvenciones o préstamos reintegrables, con o sin interés, de conformidad con las previsiones del correspondiente pliego de cláusulas administrativas particulares, debiendo respetarse en todo caso el principio de asunción del riesgo operacional por el concesionario (arts. 265 y 266 LCSP).

En cuanto a la financiación privada, las principales fuentes de estos recursos son la inversión que realiza el concesionario y las tarifas que abonen los usuarios o la propia Administración por la utilización de la obra pública, que tendrán la naturaleza de prestación patrimonial de carácter público no tributario. Algo que aclara la LCSP en 2017, modificando la redacción de la Ley 58/2013, de 17 de diciembre, General Tributaria; del texto refundido de la Ley Reguladora de las Haciendas Locales, aprobado mediante Real Decreto Legislativo 2/2004, de 5 de marzo, y de la Ley 8/1989, de 13 de abril, del régimen jurídico de las tasas y los precios públicos.

El concesionario se retribuirá igualmente con los ingresos procedentes de la explotación de la zona comercial directamente vinculada a la concesión, en el caso de existir esta, según lo establecido en el pliego de cláusulas administrativas particulares (art. 267 LCSP).

El articulado de la LCSP establece otros instrumentos de financiación de esta naturaleza tales como la emisión de obligaciones y otros títulos similares, títulos negociables de los derechos de crédito del concesionario, la constitución de hipoteca sobre la concesión, y créditos y préstamos participativos.

F) Duración de los contratos de concesión de obras

Los contratos de concesión de obras tendrán un plazo de duración limitado, el cual se calculará en función de las obras que constituyan su objeto y se hará constar en el pliego de cláusulas administrativas particulares (art. 20.6 LCSP).

Si la concesión de obras sobrepasara el plazo de cinco años, la duración máxima de la misma no podrá exceder del tiempo que se calcule razonable para que el concesionario recupere las inversiones realizadas para la explotación de las obras, junto con un rendimiento sobre el capital invertido, teniendo en cuenta las inversiones necesarias para alcanzar los objetivos contractuales específicos. Las inversiones que se tengan en cuenta a efectos del cálculo incluirán tanto las inversiones iniciales como las realizadas durante la vida de la concesión.

En cualquier caso, la duración de los contratos de concesión de obras, no podrá exceder, incluyendo las posibles prórrogas, de cuarenta años. Los plazos fijados en los pliegos de condiciones solo podrán ser ampliados en un 15 por 100 de su duración inicial para restablecer el equilibrio económico del contrato.

No se tendrán en cuenta a efectos del cómputo del plazo de duración de la concesión y del establecido para la ejecución de las obras aquellos periodos en los que estas deban suspenderse por una causa imputable a la Administración concedente o debida a fuerza mayor. Si el concesionario fuera responsable del retraso en la ejecución de las obras se estará a lo dispuesto en el régimen de penalidades contenido en el pliego de cláusulas administrativas particulares y en la LCSP, sin que haya lugar a la ampliación del plazo de la concesión.

3.5. *Extinción de las concesiones*

Al igual que el resto de contratos administrativos el de concesión de obra pública se extingue por su cumplimiento o por resolución.

A) Extinción por cumplimiento

La concesión se entenderá extinguida por cumplimiento cuando transcurra el plazo inicialmente establecido o, en su caso, el resultante de las prórrogas a que hubiere lugar, o de las reducciones que se hubiesen decidido (art. 278 LCSP).

Las concesiones de construcción y explotación de obras públicas se otorgarán por el plazo que se acuerde en el pliego de cláusulas administrativas particulares, que no podrá exceder de cuarenta años. Los plazos fijados solo podrán ser prorrogados por las causas previstas al efecto para el caso del mantenimiento del equilibrio económico del contrato.

La extinción del contrato por cumplimiento comporta la reversión de la obra concedida a la Administración en buen estado de conservación y uso, así como la entrega de los bienes establecidos en el contrato.

B) Extinción por resolución

Son causas de resolución del contrato de concesión de obras, además de las señaladas en el artículo 211 LCSP, con la excepción de las contempladas en sus letras *d*) y *e*), las siguientes (art. 279 LCSP):

a) La ejecución hipotecaria declarada desierta o la imposibilidad de iniciar el procedimiento de ejecución hipotecaria por falta de interesados autorizados para ello en los casos en que así procediera.

b) La demora superior a seis meses por parte del órgano de contratación en la entrega al concesionario de la contraprestación, de los terrenos o de los medios auxiliares a que se obligó según el contrato.

c) El rescate de la explotación de las obras por el órgano de contratación. Se entenderá por rescate la declaración unilateral del órgano contratante, adoptada por razones de interés público, por la que dé por terminada la concesión, no obstante la buena gestión de su titular (a diferencia del secuestro), para su gestión directa por la Administración. El rescate de la concesión requerirá, además, la acreditación de que dicha gestión directa es más eficaz y eficiente que la concesional.

d) La supresión de la explotación de las obras por razones de interés público.

e) La imposibilidad de la explotación de las obras como consecuencia de acuerdos adoptados por la Administración concedente con posterioridad al contrato.

f) El secuestro o intervención de la concesión por un plazo superior al establecido, sin que el contratista haya garantizado la asunción completa de sus obligaciones.

La extinción del contrato por resolución comporta (art. 280 LCSP), primero, cuanto lo sea por causas imputables al concesionario, la incautación de la garantía y la indemnización a la Administración por los daños y perjuicios generados en lo que exceda de la cantidad incautada. Segundo, cuando se trate de resolución anticipada del contrato la Administración habrá de abonar al contratista el importe de las inversiones realizadas por razón de la expropiación de terrenos, ejecución de obras de construcción, o el de la adquisición de bienes que sean necesarios para la explotación de la obra pública. En los casos en que la resolución del contrato se produjera por causas imputables a la Administración, esta indemnizará al concesionario por los daños y perjuicios que se le irroguen, teniendo en cuenta los beneficios futuros que el concesionario dejará de percibir y la pérdida del valor de las obras e instalaciones que no hayan de ser entregadas a aquella, considerando su grado de amortización.

4. Contrato de concesión de servicios

4.1. *Concepto*

El contrato de concesión de servicios (art. 15 LCSP) es aquel en cuya virtud uno o varios poderes adjudicadores encomiendan a título oneroso a una o varias personas, naturales o jurídicas, la gestión de un servicio cuya prestación sea de su titularidad o competencia, y cuya contrapartida venga constituida bien por el derecho a explotar los servicios objeto del contrato o bien por dicho derecho acompañado del de percibir un precio. El derecho de explotación de los servicios implicará la transferencia al concesionario del riesgo operacional.

4.2. *Delimitación del contrato*

La Administración podrá gestionar indirectamente, mediante contrato de concesión de servicios, los servicios de su titularidad o competencia siempre que sean susceptibles de explotación económica por particulares. Un caso ilustrativo de este tipo de contrato es la gestión del transporte público urbano en las ciudades.

En ningún caso podrán prestarse mediante concesión de servicios aquellos que impliquen ejercicio de la autoridad inherente a los poderes públicos (art. 284.1 LCSP), como puede ser el caso de las funciones de orden público asignadas a las Fuerzas y Cuerpos de Seguridad del Estado.

Este contrato vendría a sustituir al hasta ahora conocido como contrato de gestión de servicios públicos (cuando exista transferencia del riesgo al prestador del servicio), salvo que estemos ante prestaciones a las personas sin asunción del riesgo del artículo 312 LCSP, que entraríamos dentro del ámbito del contrato de servicios.

En lo no previsto por su normativa específica, le será de aplicación la regulación establecida en la LCSP respecto al contrato de concesión de obras, siempre que resulte compatible con la naturaleza de aquel.

4.3. *Actos preparatorios*

A) Régimen jurídico del servicio público

Antes de proceder a la contratación de una concesión de servicios, en los casos en que se trate de servicios públicos, deberá haberse establecido un régimen jurídico que declare expresamente que la actividad de que se trata queda asumida por la Administración respectiva como propia de la misma, determine el alcance de las prestaciones en favor de los administrados y regule los aspectos de carácter jurídico, económico y administrativo relativos a la prestación del servicio (art. 284.2 LCSP). Es decir, para que válidamente pueda formalizarse un contrato de esta clase, primero, la actividad que constituya el objeto del mismo ha de tener la consideración jurídica de servicio público; y segundo, su régimen jurídico o estatuto básico ha de estar determinado en el ordenamiento jurídico.

En resumen, en aplicación del Derecho de la Unión Europea, la LCSP contempla la aplicación de la concesión de servicios a los servicios que se puedan calificar como servicios públicos. En consecuencia, se establece la aplicación específica y diferenciada de determinadas normas a la concesión de servicios cuando esta se refiera a servicios públicos. Así, por ejemplo, el establecimiento de su régimen jurídico y, entre otras cuestiones, los aspectos jurídicos, económicos y administrativos relativos a la prestación del servicio (su «publicatio»); la imposibilidad de embargo de los bienes afectos; el secuestro o la intervención del servicio público; el rescate del mismo; o el ejercicio de poderes de policía en relación con la buena marcha del servicio público de que se trate.

B) Pliegos y anteproyecto de obra y explotación

Los pliegos de cláusulas administrativas particulares y de prescripciones técnicas deberán hacer referencia, al menos, a los siguientes aspectos (art. 285.1 LCSP):

a) Definirán el objeto del contrato, debiendo prever la realización independiente de cada una de sus partes mediante su división en lotes, sin merma de la eficacia de la prestación, con la finalidad de promover la libre concurrencia.

b) Fijarán las condiciones de prestación del servicio y, en su caso, fijarán las tarifas que hubieren de abonar los usuarios, los procedimientos para su revisión, y el canon o participación que hubiera de satisfacerse a la Administración.

c) Regularán también la distribución de riesgos entre la Administración y el concesionario en función de las características particulares del servicio, si bien en todo caso el riesgo operacional le corresponderá al contratista.

d) Definirán los requisitos de capacidad y solvencia financiera, económica y técnica que sean exigibles a los licitadores, pudiendo fijarse distintos requisitos de solvencia en función de las diferentes fases del contrato.

e) Preverán también la posibilidad de que se produzca la cesión del contrato, así como de las participaciones en la sociedad concesionaria cuando se constituyera una sociedad de propósito específico por los licitadores para la ejecución del contrato.

En los contratos de concesión de servicios la tramitación del expediente irá precedida de la realización y aprobación de un estudio de viabilidad de los mismos o en su caso, de un estudio de viabilidad económico-financiera, que tendrán carácter vinculante en los supuestos en que concluyan en la inviabilidad del proyecto. En los casos en que los contratos de concesión de servicios comprendan la ejecución de obras, la tramitación de aquel irá precedida, además, cuando proceda, de la elaboración y aprobación administrativa del anteproyecto de construcción y explotación de las obras que resulten precisas, con especificación de las prescripciones técnicas relativas a su realización; y, además, de la redacción, supervisión, aprobación y replanteo del correspondiente proyecto de las obras.

4.4. *Adjudicación*

Nos remitimos de nuevo a los artículos 131 y siguientes de la LCSP. En los supuestos del artículo 168 LCSP podrá seguirse el procedimiento negociado sin publicidad [para el contrato de concesión de servicios, hay que acudir a lo apuntado en el apartado *a*)]; en los casos previstos en el artículo 167 LCSP podrá recurrirse al diálogo competitivo o a la licitación con negociación, y en los indicados en el artículo 177 LCSP podrá emplearse el procedimiento de asociación para la innovación.

En la selección del contratista deben primar criterios de naturaleza cualitativa frente a los de naturaleza cuantitativa. En este sentido es necesario hacer una referencia a la experiencia concurrente en la persona de licitador. Según viene declarando la jurisprudencia la experiencia en la prestación de servicios debe ser tenida en cuenta a la hora de acreditar la concurrencia del requisito consistente en la «solvencia técnica», pero no se puede erigir en criterio determinante para valorar las proposiciones formuladas por los aspirantes a la adjudicación del contrato. En cualquier caso, de la experiencia previa no se puede hacer un uso desproporcionado toda vez que comportaría discriminación para el acceso al mercado de nuevos competidores.

4.5. *Ejecución*

A) Obligaciones del contratista y poder de policía de la Administración

El concesionario está obligado a organizar y prestar el servicio con estricta sujeción a las características establecidas en el contrato y dentro de los plazos señalados en el mismo, y, en su caso, a la ejecución de las obras conforme al proyecto aprobado por el órgano de contratación. En el caso de que la concesión recaiga sobre un servicio público, la Administración conservará los poderes de policía necesarios para asegurar la buena marcha de los servicios de que se trate (art. 287 LCSP).

El concesionario estará sujeto al cumplimiento de las siguientes obligaciones (art. 288 LCSP):

a) Prestar el servicio con la continuidad convenida y garantizar a los particulares el derecho a utilizarlo en las condiciones que hayan sido establecidas y mediante el abono, en su caso, de la contraprestación económica comprendida en las tarifas aprobadas. En caso de extinción del contrato por cumplimiento del mismo, el contratista deberá seguir prestando el servicio hasta que se formalice el nuevo contrato.

b) Cuidar del buen orden del servicio, pudiendo dictar las oportunas instrucciones, sin perjuicio de los poderes de policía.

c) Indemnizar los daños que se causen a terceros como consecuencia de las operaciones que requiera el desarrollo del servicio, excepto cuando el daño sea producido por causas imputables a la Administración.

d) Respetar el principio de no discriminación por razón de nacionalidad, respecto de las empresas de Estados miembros de la Unión Europea o signatarios del Acuerdo sobre Contratación Pública de la Organización Mundial del Comercio, en los contratos de suministro consecuencia del de concesión de servicios.

e) Cualesquiera otras previstas en la legislación, en el pliego de cláusulas administrativas particulares y en el resto de la documentación contractual.

El concesionario tiene derecho a las contraprestaciones económicas previstas en el contrato, entre las que se incluirá, para hacer efectivo su derecho a la explotación del servicio, una retribución fijada en función de su utilización que se percibirá directamente de los usuarios o de la propia Administración (art. 289 LCSP). Las contraprestaciones económicas pactadas, que se denominarán tarifas y tendrán la naturaleza de prestación patrimonial de carácter público no tributario, serán revisadas, en su caso, en la forma establecida en el contrato, que se ajustará, en todo caso, a lo previsto en la LCSP. Si así lo hubiera establecido el pliego de cláusulas administrativas particulares, el concesionario abonará a la Administración concedente un canon o participación, que se determinará y abonará en la forma y condiciones previstas en el citado pliego y en la restante documentación contractual.

B) Modificación del contrato de concesión de servicios

La Administración podrá modificar las características del servicio contratado y las tarifas que han de ser abonadas por los usuarios, únicamente por razones de interés público y si concurren las circunstancias previstas en la LCSP (art. 290 LCSP). Cuando las modificaciones afecten al régimen financiero del contrato, se deberá compensar a la parte correspondiente de manera que se mantenga el equilibrio de los supuestos económicos que fueron considerados como básicos en la adjudicación del contrato. En el caso de que los acuerdos que dicte la Administración respecto al desarrollo del servicio carezcan de trascendencia económica, el concesionario no tendrá derecho a indemnización por razón de los mismos.

Se deberá restablecer el equilibrio económico del contrato, en beneficio de la parte que corresponda, en los siguientes supuestos (art. 290.4 LCSP):

a) Cuando la Administración realice una modificación por razones de interés público.

b) Cuando actuaciones de la Administración Pública concedente, por su carácter obligatorio para el concesionario determinaran de forma directa la ruptura sustancial de la economía del contrato.

Fuera de estos supuestos, únicamente procederá el restablecimiento del equilibrio económico del contrato cuando causas de fuerza mayor determinaran de forma directa la ruptura sustancial de la economía del contrato.

El restablecimiento del equilibrio económico del contrato se realizará mediante la adopción de las medidas que en cada caso procedan. Estas medidas podrán consistir en la modificación de las tarifas a abonar por los usuarios, la modificación de la retribución a abonar por la Administración concedente, la reducción del plazo de la concesión, la ampliación del plazo del contrato y, en general, en cualquier modificación de las cláusulas de contenido económico incluidas en el contrato.

El contratista tendrá derecho a desistir del contrato cuando este resulte extraordinariamente oneroso para él, como consecuencia de una de las siguientes circunstancias (art. 290.6 LCSP):

a) La aprobación de una disposición general por una Administración distinta de la concedente con posterioridad a la formalización del contrato.

b) Cuando el concesionario deba incorporar, por venir obligado a ello legal o contractualmente, a las obras o a su explotación avances técnicos que las mejoren notoriamente y cuya disponibilidad en el mercado, de acuerdo con el estado de la técnica, se haya producido con posterioridad a la formalización del contrato.

Se entenderá que el cumplimiento del contrato deviene extraordinariamente oneroso para el concesionario cuando la incidencia de las disposiciones de las Administraciones o el importe de las mejoras técnicas que deban incorporarse supongan un incremento neto anualizado de los costes de, al menos, el 5 por 100 del importe neto de la cifra de negocios de la concesión por el periodo que reste hasta la conclusión de la misma. Cuando el contratista desistiera del contrato por esta razón la resolución no dará derecho a indemnización alguna para ninguna de las partes.

C) Duración

Los contratos de concesión de servicios tendrán un plazo de duración limitado, el cual se calculará en función de los servicios que constituyan su objeto y se hará constar en el pliego de cláusulas administrativas particulares (art. 20.6 LCSP).

Si la concesión de servicios sobrepasara el plazo de cinco años, la duración máxima de la misma no podrá exceder del tiempo que se calcule razonable para que el concesionario recupere las inversiones realizadas para la explotación de los servicios, junto con un rendimiento sobre el capital invertido, teniendo en cuenta las inversiones necesarias para alcanzar los objetivos contractuales específicos. Las inversiones que se tengan en cuenta a efectos del cálculo incluirán tanto las inversiones iniciales como las realizadas durante la vida de la concesión.

En cualquier caso, la duración de los contratos de concesión de servicios, no podrá exceder, incluyendo las posibles prórrogas, de:

a) Cuarenta años para los contratos de concesión de servicios que comprendan la ejecución de obras y la explotación de servicio.

b) Veinticinco años en los contratos de concesión de servicios que comprendan la explotación de un servicio no relacionado con la prestación de servicios sanitarios.

c) Diez años en los contratos de concesión de servicios que comprendan la explotación de un servicio cuyo objeto consista en la prestación de servicios sanitarios siempre que no estén comprendidos en la letra *a*).

Los plazos fijados en los pliegos de condiciones solo podrán ser ampliados en un 15 por 100 de su duración inicial para restablecer el equilibrio económico del contrato.

No se tendrán en cuenta a efectos del cómputo del plazo de duración de la concesión y del establecido para la ejecución de las obras aquellos periodos en los que estas deban suspenderse por una causa imputable a la Administración concedente o debida a fuerza mayor. Si el concesionario fuera responsable del retraso en la ejecución de las obras se estará a lo dispuesto en el régimen de penalidades contenido en el pliego de cláusulas administrativas particulares y en la LCSP, sin que haya lugar a la ampliación del plazo de la concesión.

4.6. *Extinción*

A) Cumplimento y efectos del contrato de concesión de servicios

Finalizado el plazo de la concesión, el servicio revertirá a la Administración, debiendo el contratista entregar las obras e instalaciones a que esté obligado con arreglo al contrato y en el estado de conservación y funcionamiento adecuados (art. 291 LCSP).

Si la Administración no hiciere efectiva al concesionario la contraprestación económica o no entregare los medios auxiliares a que se obligó en el contrato dentro de los plazos previstos en el mismo y no procediese la resolución del contrato o no la solicitase el concesionario, este tendrá derecho al interés de demora de las cantidades o valores económicos que aquellos signifiquen (art. 292 LCSP).

Cuando el contrato recaiga sobre un servicio público, si por causas ajenas al concesionario o bien del incumplimiento por parte de este se derivase perturbación grave y no reparable por otros medios en el servicio, la Administración podrá acordar el secuestro o intervención del mismo. En todo caso, el concesionario deberá abonar a la Administración los daños y perjuicios que efectivamente le haya ocasionado (art. 293 LCSP).

B) Resolución del contrato de concesión de servicios

Son causas de resolución del contrato de concesión de servicios, además de las señaladas en el artículo 211 LCSP, con la excepción de las contempladas en sus letras *d*) y *e*), las siguientes (art. 294 LCSP):

a) La ejecución hipotecaria declarada desierta o la imposibilidad de iniciar el procedimiento de ejecución hipotecaria por falta de interesados autorizados para ello en los casos en que así procediera.

b) La demora superior a seis meses por parte de la Administración en la entrega al concesionario de la contraprestación o de los medios auxiliares a que se obligó según el contrato.

c) El rescate del servicio por la Administración para su gestión directa por razones de interés público. El rescate de la concesión requerirá, además, la acreditación de que dicha gestión directa es más eficaz y eficiente que la concesional.

d) La supresión del servicio por razones de interés público.

e) La imposibilidad de la explotación del servicio como consecuencia de acuerdos adoptados por la Administración con posterioridad al contrato.

f) El secuestro o intervención de la concesión por un plazo superior al establecido, sin que el contratista haya garantizado la asunción completa de sus obligaciones. En conexión con la *exceptio non adimpleti contractus*.

En los supuestos de resolución por causa imputable a la Administración, esta abonará al concesionario en todo caso el importe de las inversiones realizadas por razón de la expropiación de terrenos, ejecución de obras de construcción y adquisición de bienes que sean necesarios para la explotación de los servicios objeto de concesión. Cuando la resolución obedezca a causas no imputables a la Administración, el importe a abonar al concesionario por razón de la expropiación de terrenos, ejecución de obras y adquisición de bienes que deban revertir a la Administración será el que resulte de la valoración de la concesión (art. 295.1 LCSP).

En el supuesto de la letra *b*), el contratista tendrá derecho al abono del interés de demora previsto en la Ley 3/2004, de 29 de diciembre, por la que se establecen medidas de lucha contra la morosidad en operaciones comerciales, de las cantidades debidas o valores económicos convenidos, a partir del vencimiento del plazo previsto para su entrega y hasta la liquidación de la indemnización resultante de la resolución, así como de los daños y perjuicios sufridos (art. 295.3 LCSP).

En los supuestos de las letras *b*), *c*), *d*) y *e*), y en general en los casos en que la resolución del contrato se produjera por causas imputables a la Administración, la Administración indemnizará al contratista de los daños y perjuicios que se le irroguen, incluidos los beneficios futuros que deje de percibir (art. 295.4 LCSP).

5. Contrato de suministro

5.1. *Concepto*

Son contratos de suministro los que tienen por objeto la adquisición, el arrendamiento financiero, o el arrendamiento, con o sin opción de compra, de productos o bienes muebles (art. 16.1 LCSP).

Piénsese, a modo de muestra, en el contrato de suministro de víveres con destino a la cocina de los centros sociales dependientes de un Ente local. En el contexto pandémico que nos circunda, no podemos dejar de reseñar en esta sede la adquisición de vacunas contra el COVID-19, aunque aquí propiamente no estamos ante un contrato de suministro, sino ante un *Acuerdo de compra anticipada a través del Instrumento de Ayuda de Emergencia*. Tal y como desarrollaremos más adelante en la Actividad Complementaria número 7, este instrumento no busca ni que aflore la tensión competitiva en el mercado ni seleccionar a un único proveedor (Gimeno Feliú).

No tendrán la consideración de contrato de suministro los contratos relativos a propiedades incorporales o valores negociables (art. 16.2 LCSP). En todo caso, se considerarán contratos de suministro los siguientes (art. 16.3 LCSP):

a) Aquellos en los que el empresario se obligue a entregar una pluralidad de bienes de forma sucesiva y por precio unitario sin que la cuantía total se defina con exactitud al tiempo de celebrar el contrato, por estar subordinadas las entregas a las necesidades del adquirente.

b) Los que tengan por objeto la adquisición y el arrendamiento de equipos y sistemas de telecomunicaciones o para el tratamiento de la información, sus dispositivos y programas, y la cesión del derecho de uso de estos últimos, en cualquiera de sus modalidades de puesta a disposición, a excepción de los contratos de adquisición de programas de ordenador desarrollados a medida, que se considerarán contratos de servicios.

c) Los de fabricación, por los que la cosa o cosas que hayan de ser entregadas por el empresario deban ser elaboradas con arreglo a características peculiares fijadas previamente por la entidad contratante, aun cuando esta se obligue a aportar, total o parcialmente, los materiales precisos.

d) Los que tengan por objeto la adquisición de energía primaria o energía transformada.

5.2. *Regulación de determinados contratos de suministro*

A) Arrendamiento

En el contrato de arrendamiento, el arrendador o empresario asumirá durante el plazo de vigencia del contrato la obligación del mantenimiento del objeto del mismo. Las cantidades que, en su caso, deba satisfacer la Administración en concepto de canon de mantenimiento se fijarán separadamente de las constitutivas del precio del arriendo (art. 298 LCSP).

B) Contrato de fabricación

A los contratos de fabricación se les aplicarán directamente las normas generales y especiales del contrato de obras que el órgano de contratación determine en el correspondiente pliego de cláusulas administrativas particulares, salvo las relativas a su publicidad y procedimiento de adjudicación que se acomodarán, en todo caso, al contrato de suministro (art. 299 LCSP).

5.3. *Adjudicación*

Nos remitimos de nuevo a los artículos 131 y siguientes de la LCSP. En los supuestos del artículo 168 podrá seguirse el procedimiento negociado sin publicidad [para el contrato de suministro, hay que acudir a lo apuntado en los apartados *a*), *b*) y *c*)]; en los casos previstos en el artículo 167 podrá recurrirse al diálogo competitivo o a la licitación con negociación, y en los indicados en el artículo 177 podrá emplearse el procedimiento de asociación para la innovación.

En esta modalidad de contrato para la selección del contratista se puede utilizar tanto el procedimiento abierto, el restringido o el negociado. Sin embargo, para la adjudicación del contrato puede regir tanto el concurso como la subasta. Cuando se trate de bienes perfectamente definidos, por lo general, se utilizará la subasta con la finalidad de conseguir su adquisición por el precio más ventajoso.

5.4. *Ejecución*

A) Entrega y recepción

El contratista estará obligado a entregar los bienes objeto de suministro en el tiempo y lugar fijados en el contrato y de conformidad con las prescripciones técnicas y cláusulas administrativas (art. 300 LCSP). Cualquiera que sea el tipo de suministro, el adjudicatario no tendrá derecho a indemnización por causa de pérdidas, averías o perjuicios ocasionados en los bienes antes de su entrega a la Administración, salvo que esta hubiere incurrido en mora al recibirlos.

Cuando el acto formal de la recepción de los bienes, de acuerdo con las condiciones del pliego, sea posterior a su entrega, la Administración será responsable de la custodia de los mismos durante el tiempo que medie entre una y otra. Una vez recibidos de conformidad por la Administración bienes o productos perecederos, será esta responsable de su gestión, uso o caducidad, sin perjuicio de la responsabilidad del suministrador por los vicios o defectos ocultos de los mismos.

B) Pago del precio

El adjudicatario tendrá derecho al abono del precio de los suministros efectivamente entregados y formalmente recibidos por la Administración con arreglo a las condiciones establecidas en el contrato (art. 301 LCSP).

Cuando razones técnicas o económicas debidamente justificadas en el expediente lo aconsejen, podrá establecerse en el pliego de cláusulas administrativas particulares que el pago del precio total de los bienes a suministrar consista parte en dinero y parte en la entrega de otros bienes de la misma clase, sin que, en ningún caso, el importe de estos pueda superar el 50 por 100 del precio total (art. 302 LCSP).

C) Facultades de la Administración en el proceso de fabricación

La Administración tiene la facultad de inspeccionar y de ser informada del proceso de fabricación o elaboración del producto que haya de ser entregado como consecuencia del contrato, pudiendo ordenar o realizar por sí misma análisis, ensayos y pruebas de los materiales que se vayan a emplear, establecer sistemas de control de calidad y dictar cuantas disposiciones estime oportunas para el estricto cumplimiento de lo convenido (art. 303 LCSP).

D) Duración

Los contratos de suministros tendrán un plazo máximo de duración de cinco años, incluyendo las posibles prórrogas que acuerde el órgano de contratación, respetando las condiciones y límites establecidos en las respectivas normas presupuestarias que sean aplicables al ente contratante.

5.5. *Extinción*

A) Cumplimiento del contrato de suministro

a) Gastos de entrega y recepción

Salvo pacto en contrario, los gastos de la entrega y transporte de los bienes objeto del suministro al lugar convenido serán de cuenta del contratista (art. 304 LCSP). Si los bienes no se hallan en estado de ser recibidos se hará constar así en el acta de recepción y se darán las instrucciones precisas al contratista para que subsane los defectos observados o proceda a un nuevo suministro de conformidad con lo pactado.

b) Vicios o defectos durante el plazo de garantía

Si durante el plazo de garantía se acreditase la existencia de vicios o defectos en los bienes suministrados tendrá derecho la Administración a reclamar del contratista la reposición de los que resulten inadecuados o la reparación de los mismos si fuese suficiente (art. 305 LCSP).

Si el órgano de contratación estimase, durante el plazo de garantía, que los bienes suministrados no son aptos para el fin pretendido, como consecuencia de los vicios o defectos observados en ellos e imputables al contratista y exista la presunción de que la reposición o reparación de dichos bienes no serán bastantes para lograr aquel fin, podrá, antes de expirar dicho plazo, rechazar los bienes dejándolos de cuenta del contratista y quedando exento de la obligación de pago o teniendo derecho, en su caso, a la recuperación del precio satisfecho.

Terminado el plazo de garantía sin que la Administración haya formalizado reparo o denuncia, el contratista quedará exento de responsabilidad por razón de los bienes suministrados.

B) Resolución del contrato de suministro

El contrato de suministro puede extinguirse por cumplimiento y por resolución del contrato. Son causas de resolución del contrato de suministro, además de las generales, las siguientes (art. 306 LCSP):

a) El desistimiento antes de la iniciación del suministro o la suspensión de la iniciación del suministro por causa imputable a la Administración por plazo superior a cuatro meses a partir de la fecha señalada en el contrato para la entrega salvo que en el pliego se señale otro menor.

b) El desistimiento una vez iniciada la ejecución del suministro o la suspensión del suministro por un plazo superior a ocho meses acordada por la Administración, salvo que en el pliego se señale otro menor.

La resolución del contrato dará lugar a la recíproca devolución de los bienes y del importe de los pagos realizados, y, cuando no fuera posible o conveniente para la Administración, habrá de abonar esta el precio de los efectivamente entregados y recibidos de conformidad (art. 307 LCSP).

En los supuestos establecidos en la letra *a*), solo tendrá derecho el contratista a percibir, por todos los conceptos, una indemnización del 3 por 100 del precio de la adjudicación del contrato. En los supuestos contemplados en la letra *b*), el contratista tendrá derecho a percibir, por todos los conceptos, el 6 por 100 del precio de adjudicación del contrato de los suministros dejados de realizar en concepto de beneficio industrial, entendiéndose por suministros dejados de realizar los que resulten de la diferencia entre los reflejados en el contrato primitivo y sus modificaciones aprobadas, y los que hasta la fecha de notificación del desistimiento o de la suspensión se hubieran realizado.

6. Contrato de servicios

6.1. *Concepto*

Son contratos de servicios aquellos cuyo objeto son prestaciones de hacer consistentes en el desarrollo de una actividad o dirigidas a la obtención de un resultado distinto de una obra o suministro, incluyendo aquellos en que el adjudicatario se obligue a ejecutar el servicio de forma sucesiva y por precio unitario (art. 17 LCSP). No podrán ser objeto de estos contratos los servicios que impliquen ejercicio de la autoridad inherente a los poderes públicos.

Salvo que se disponga otra cosa en los pliegos de cláusulas administrativas o en el documento contractual, los contratos de servicios que tengan por objeto el desarrollo y la puesta a disposición de productos protegidos por un derecho de propiedad intelectual o industrial llevarán aparejada la cesión de este a la Administración contratante. En todo caso, y aun cuando se excluya la cesión de los derechos de propiedad intelectual, el órgano de contratación podrá siempre autorizar el uso del correspondiente producto a los entes, organismos y entidades pertenecientes al sector público (art. 308.1 LCSP).

En ningún caso la entidad contratante podrá instrumentar la contratación de personal a través del contrato de servicios, incluidos los que por razón de la cuantía se tramiten como contratos menores. A la extinción de los contratos de servicios, no podrá producirse en ningún caso la consolidación de las personas que hayan realizado los trabajos objeto del contrato como personal de la entidad contratante. A tal fin, los empleados o responsables de la Administración deben abstenerse de realizar actos que impliquen el ejercicio de facultades que, como parte de la relación jurídico laboral, le corresponden a la empresa contratista (art. 308.2 LCSP).

El pliego de cláusulas administrativas establecerá el sistema de determinación del precio de los contratos de servicios, que podrá estar referido a componentes de la prestación, unidades de ejecución o unidades de tiempo, o fijarse en un tanto alzado cuando no sea posible o conveniente su descomposición, o resultar de la aplicación de honorarios por tarifas o de una combinación de varias de estas modalidades (art. 309 LCSP).

6.2. *Adjudicación*

Nos remitimos de nuevo a los artículos 131 y siguientes de la LCSP. En los supuestos del artículo 168 LCSP podrá seguirse el procedimiento negociado sin publicidad [para el contrato de servicios, hay que acudir a lo apuntado en los apartados *a*), *b*) y *d*)]; en los casos previstos en el artículo 167 LCSP podrá recurrirse al diálogo competitivo o a la licitación con negociación, y en los indicados en el artículo 177 LCSP podrá emplearse el procedimiento de asociación para la innovación.

La LCSP suprime la aplicación del procedimiento negociado respecto a las obras y servicios complementarios.

En la selección del contratista deben primar criterios de naturaleza cualitativa frente a los de naturaleza cuantitativa. En este sentido es necesario hacer una referencia a la experiencia concurrente en la persona de licitador. Según viene declarando la jurisprudencia la experiencia en la prestación de servicios debe ser tenida en cuenta a la hora de acreditar la concurrencia del requisito consistente en la «solvencia técnica», pero no se puede erigir en criterio determinante para valorar las proposiciones formuladas por los aspirantes a la adjudicación del contrato. En cualquier caso, de la experiencia previa no se puede hacer un uso desproporcionado toda vez que comportaría discriminación para el acceso al mercado de nuevos competidores.

6.3. *Ejecución*

A) Obligaciones del contratista

El contrato se ejecutará con sujeción a lo establecido en su clausulado y en los pliegos, y de acuerdo con las instrucciones que para su interpretación diere al contratista el responsable del contrato, en los casos en que se hubiere designado. En otro caso, esta función le corresponderá a los servicios dependientes del órgano de contratación (art. 311 LCSP).

El contratista será responsable de la calidad técnica de los trabajos que desarrolle y de las prestaciones y servicios realizados, así como de las consecuencias que se deduzcan para la Administración o para terceros de las omisiones, errores, métodos inadecuados o conclusiones incorrectas en la ejecución del contrato.

La Administración determinará si la prestación realizada por el contratista se ajusta a las prescripciones establecidas para su ejecución y cumplimiento, requiriendo, en su caso, la realización de las prestaciones contratadas y la subsanación de los defectos observados con ocasión de su recepción. Si los trabajos efectuados no se adecuan a la prestación contratada, como consecuencia de vicios o defectos imputables al contratista, podrá rechazar la misma quedando exento de la obligación de pago o teniendo derecho, en su caso, a la recuperación del precio satisfecho.

Si durante el plazo de garantía se acreditase la existencia de vicios o defectos en los trabajos efectuados el órgano de contratación tendrá derecho a reclamar al contratista la subsanación de los mismos.

Terminado el plazo de garantía sin que la Administración haya formalizado reparo o denuncia a este respecto, el contratista quedará exento de responsabilidad por razón de la prestación efectuada, sin perjuicio de lo establecido en la LCSP sobre subsanación de errores y responsabilidad en los contratos que tengan por objeto la elaboración de proyectos de obras.

B) Especialidades de los contratos de servicios que conlleven prestaciones directas a favor de la ciudadanía

En los contratos de servicios que conlleven prestaciones directas a favor de la ciudadanía se deberán cumplir las siguientes prescripciones (art. 312 LCSP):

a) Antes de proceder a la contratación de un servicio de esta naturaleza deberá haberse establecido su régimen jurídico, que declare expresamente que la actividad de que se trata queda asumida por la Administración respectiva como propia de la misma, determine el alcance de las prestaciones en favor de los administrados, y regule los aspectos de carácter jurídico, económico y administrativo relativos a la prestación del servicio.

b) El adjudicatario de un contrato de servicios de este tipo estará sujeto a las obligaciones de prestar el servicio con la continuidad convenida y garantizar a los particulares el derecho a utilizarlo en las condiciones que hayan sido establecidas y mediante el abono en su caso de la contraprestación económica fijada; de cuidar del buen orden del servicio; de indemnizar los daños que se causen a terceros como consecuencia de las operaciones que requiera el desarrollo del servicio, con la salvedad de aquellos que sean producidos por causas imputables a la Administración; y de entregar, en su caso, las obras e instalaciones a que esté obligado con arreglo al contrato en el estado de conservación y funcionamiento adecuados.

c) Los bienes afectos a los servicios aquí regulados no podrán ser objeto de embargo.

d) Si del incumplimiento por parte del contratista se derivase perturbación grave y no reparable por otros medios en el servicio y la Administración no decidiese la resolución del contrato, podrá acordar el secuestro o intervención del mismo hasta que aquella desaparezca. En todo caso, el contratista deberá abonar a la Administración los daños y perjuicios que efectivamente le haya ocasionado.

e) La Administración conservará los poderes de policía necesarios para asegurar la buena marcha de los servicios que conlleven prestaciones directas a favor de la ciudadanía de que se trate.

f) Con carácter general, la prestación de los servicios que conlleven prestaciones directas a favor de la ciudadanía se efectuará en dependencias o instalaciones diferenciadas de las de la propia Administración contratante. Si ello no fuera posible, se harán constar las razones objetivas que lo motivan. En estos casos, a efectos de evitar la confusión de plantillas, se intentará que los trabajadores de la empresa contratista no compartan espacios y lugares de trabajo con el personal al servicio de la Administración, y los trabajadores y los medios de la empresa contratista se identificarán mediante los correspondientes signos distintivos, tales como uniformidad o rotulaciones.

g) Además de las causas de resolución del contrato establecidas en el artículo 313 LCSP, serán causas de resolución de los contratos de servicios tratados en el presente artículo, las señaladas en las letras *c*), *d*), y *f*) del artículo 294 LCSP. Esto es, rescate del servicio por la Administración para su gestión directa por razones de interés público, supresión del servicio por razones de interés público, y secuestro o intervención de la concesión por un plazo superior al establecido, sin que el contratista haya garantizado la asunción completa de sus obligaciones.

Hasta la aprobación de la LCSP de 2017, como se recoge de un modo muy didáctico en la Exposición de Motivos de la LCSP que aquí seguimos, el contrato de gestión de servicios públicos era un supuesto de gestión indirecta del servicio, por el que la Administración encomendaba a un tercero, el empresario (normalmente, el concesionario), que gestionase un determinado servicio público. Era el empresario o el concesionario el que gestionaba el servicio, por lo que se establecía una relación directa entre el concesionario y el usuario del servicio.

Por ello, era preciso determinar previamente el régimen jurídico básico de ese servicio, que atribuyera las competencias y determinara las prestaciones a favor de los administrados. Igualmente había que establecer que la actividad que realizaba el concesionario quedaba asumida por la Administración respectiva, puesto que no era la Administración la que prestaba directamente ese servicio. En definitiva, había dos tipos de relaciones, la que se establecía entre la Administración y el empresario, concesionario, que era contractual (contrato de gestión de servicios públicos), y la que se establecía entre el concesionario y el usuario del servicio, que se regulaba por la normativa propia del servicio que se prestaba.

Por el contrario, en las prestaciones susceptibles de ser objeto de un contrato de servicios, quien las prestaba, y, por tanto, se relacionaba con el usuario era la Administración, quien, en el caso de insuficiencia de medios, celebraba un contrato (contrato de servicios), con un empresario particular.

Tras la Directiva 2014/23/UE, de 26 de febrero de 2014, relativa a la adjudicación de contratos de concesión, el criterio delimitador del contrato de concesión de servicios respecto del contrato de servicios es quién asume el riesgo operacional. En el caso de que lo asuma el contratista, el contrato será de concesión de servicios. Por el contrario, cuando el riesgo operacional lo asuma la Administración, estaremos ante un contrato de servicios. Este criterio delimitador ha sido asumido por la LCSP. Por ello, determinados contratos que con arreglo al régimen jurídico hasta ahora vigente se calificaban como de gestión de servicios públicos, pero en los que el empresario no asumía el riesgo operacional, pasan ahora a ser contratos de servicios.

Este cambio de calificación no supone una variación en la estructura de las relaciones jurídicas que resultan de este contrato: mediante el mismo el empresario pasa a gestionar un servicio de titularidad de una Administración Pública, estableciéndose las relaciones directamente entre el empresario y el usuario del servicio. En la medida en que la diferencia entre el contrato de servicios y el contrato de concesión de servicios es la asunción o no del riesgo operacional por el empresario, es preciso que todo lo relativo al régimen de la prestación del servicio sea similar.

De ahí que las normas específicas del antiguo contrato de gestión de servicios públicos que recoge ahora el artículo 312 LCSP sean comunes ahora tanto al contrato de concesión de servicios cuando estos son servicios públicos, lo que será el caso más general, como al contrato de servicios, cuando se refiera a un servicio público que presta directamente el empresario al usuario del servicio.

Para identificar a estos contratos que con arreglo a la legislación anterior eran contratos de gestión de servicios públicos y en esta Ley pasan a ser contratos de servicios, se ha acudido a una de las características de los mismos: que la relación se establece directamente entre el empresario y el usuario del servicio, esto es, son contratos de servicios que conllevan prestaciones directas a favor de los ciudadanos.

Por otra parte, los poderes públicos siguen teniendo libertad para prestar por sí mismos estos servicios a las personas (como ciertos servicios sociales, sanitarios, incluyendo los farmacéuticos, y educativos) u organizar los mismos de manera que no sea necesario celebrar contratos públicos, por ejemplo, mediante la simple financiación de estos servicios o la concesión de licencias o autorizaciones a todos los operadores económicos que cumplan las condiciones previamente fijadas por el poder adjudicador, sin límites ni cuotas, siempre que dicho sistema garantice una publicidad suficiente y se ajuste a los principios de transparencia y no discriminación.

C) Subsanación de errores

Cuando el contrato de servicios consista en la elaboración íntegra de un proyecto de obra, el órgano de contratación exigirá la subsanación por el contratista de los defectos, insuficiencias técnicas, errores materiales, omisiones e infracciones de preceptos legales o reglamentarios que le sean imputables, otorgándole al efecto el correspondiente plazo que no podrá exceder de dos meses (art. 314 LCSP).

Si transcurrido este plazo las deficiencias no hubiesen sido corregidas, la Administración podrá, atendiendo a las circunstancias concurrentes, optar por la resolución del contrato o por conceder un nuevo plazo al contratista.

En el primer caso procederá la incautación de la garantía y el contratista incurrirá en la obligación de abonar a la Administración una indemnización equivalente al 25 por 100 del precio del contrato. En el segundo caso el nuevo plazo concedido para subsanar las deficiencias no corregidas será de un mes improrrogable, incurriendo el contratista en una penalidad equivalente al 25 por 100 del precio del contrato.

De producirse un nuevo incumplimiento procederá la resolución del contrato con obligación por parte del contratista de abonar a la Administración una indemnización igual al precio pactado con pérdida de la garantía.

Cuando el contratista, en cualquier momento antes de la concesión del último plazo, renunciare a la realización del proyecto deberá abonar una indemnización igual a la mitad del precio del contrato con pérdida de la garantía.

D) Indemnizaciones por desviaciones en la ejecución de obras y responsabilidades en el contrato de elaboración de proyectos de obras

Para los casos en que el presupuesto de ejecución de la obra prevista en el proyecto se desviare en más de un 20 por 100, tanto por exceso como por defecto, del coste real de la misma como consecuencia de errores u omisiones imputables al contratista consultor, se minorará el precio del contrato de elaboración del proyecto, en concepto de indemnización, en función del porcentaje de desviación, hasta un máximo equivalente a la mitad de aquel. El baremo de indemnizaciones será el siguiente (art. 315 LCSP):

a) En el supuesto de que la desviación sea de más del 20 por 100 y menos del 30 por 100, la indemnización correspondiente será del 30 por 100 del precio de adjudicación del contrato.

b) En el supuesto de que la desviación sea de más del 30 por 100 y menos del 40 por 100, la indemnización correspondiente será del 40 por 100 del precio de adjudicación del contrato.

c) En el supuesto de que la desviación sea de más del 40 por 100, la indemnización correspondiente será del 50 por 100 del precio de adjudicación del contrato.

El contratista deberá abonar el importe de dicha indemnización en el plazo de un mes a partir de la notificación de la resolución correspondiente, que se adoptará, previa tramitación de expediente con audiencia del interesado.

El contratista responderá de los daños y perjuicios que durante la ejecución o explotación de las obras se causen tanto al órgano de contratación como a terceros, por defectos e insuficiencias técnicas del proyecto o por los errores materiales, omisiones e infracciones de preceptos legales o reglamentarios en que el mismo haya incurrido, imputables a aquel.

La indemnización derivada de la responsabilidad exigible al contratista alcanzará el 50 por 100 del importe de los daños y perjuicios causados, hasta un límite máximo de cinco veces el precio pactado por el proyecto y será exigible dentro del término de diez años, contados desde la recepción del mismo por la Administración, siendo a cargo de esta, en su caso, el resto de dicha indemnización cuando deba ser satisfecha a terceros.

E) Duración

Los contratos de servicios de prestación sucesiva tendrán un plazo máximo de duración de cinco años, incluyendo las posibles prórrogas que acuerde el órgano de contratación, respetando las condiciones y límites establecidos en las respectivas normas presupuestarias que sean aplicables al ente contratante. Excepcionalmente, se podrá establecer un plazo de duración superior, cuando lo exija el periodo de recuperación de las inversiones directamente relacionadas con el contrato y estas no sean susceptibles de utilizarse en el resto de la actividad productiva del contratista o su utilización fuera antieconómica, siempre que la amortización de dichas inversiones sea un coste relevante en la prestación del servicio, circunstancias que deberán ser justificadas en el expediente de contratación con indicación de las inversiones a las que se refiera y de su periodo de recuperación (art. 20.4 LCSP).

6.4. *Extinción*

El contrato de servicios puede extinguirse por cumplimiento y por resolución del contrato. Son causas de resolución del contrato de servicios, además de las generales, las siguientes (art. 313 LCSP):

a) El desistimiento antes de iniciar la prestación del servicio o la suspensión por causa imputable al órgano de contratación de la iniciación del contrato por plazo superior a cuatro meses a partir de la fecha señalada en el mismo para su comienzo, salvo que en el pliego se señale otro menor.

b) El desistimiento una vez iniciada la prestación del servicio o la suspensión del contrato por plazo superior a ocho meses acordada por el órgano de contratación, salvo que en el pliego se señale otro menor.

c) Los contratos complementarios quedarán resueltos, en todo caso, cuando se resuelva el contrato principal.

La resolución del contrato dará derecho al contratista, en todo caso, a percibir el precio de los estudios, informes, proyectos, trabajos o servicios que efectivamente hubiese realizado con arreglo al contrato y que hubiesen sido recibidos por la Administración.

En los supuestos de resolución previstos en las letras *a*) y *c*), el contratista solo tendrá derecho a percibir, por todos los conceptos, una indemnización del 3 por 100 del precio de adjudicación del contrato.

En los supuestos de resolución contemplados en la letra *b*), el contratista tendrá derecho a percibir, por todos los conceptos, el 6 por 100 del precio de adjudicación del contrato de los servicios dejados de prestar en concepto de beneficio industrial, entendiéndose por servicios dejados de prestar los que resulten de la diferencia entre los reflejados en el contrato primitivo y sus modificaciones aprobadas, y los que hasta la fecha de notificación del desistimiento o de la suspensión se hubieran prestado.

7. CONTRATOS MIXTOS

7.1. *Concepto*

Se entenderá por contrato mixto aquel que contenga prestaciones correspondientes a otro u otros de distinta clase (art. 18 LCSP).

Únicamente podrán celebrarse contratos mixtos en las condiciones establecidas en el artículo 34.2 LCSP.

El régimen jurídico de la preparación y adjudicación de los contratos mixtos se determinará de conformidad con lo establecido en el artículo 18; y el de sus efectos, cumplimiento y extinción se determinará de acuerdo con lo dispuesto en el artículo 122.2 LCSP. Esto es, respecto de la preparación y adjudicación, la regla general es que al contrato mixto se le aplican, según los casos, las normas del contrato cuya prestación sea la principal o cuyo valor estimado sea más elevado. En cuanto a los efectos y extinción, la Ley hace remisión a lo que se establezca en los correspondientes pliegos de cláusulas administrativas.

7.2. *Adjudicación*

Para la determinación de las normas que regirán la adjudicación de los contratos mixtos cuyo objeto contenga prestaciones de varios contratos regulados en esta Ley, se estará a las siguientes reglas:

a) Cuando un contrato mixto comprenda prestaciones propias de dos o más contratos de obras, suministros o servicios se atenderá al carácter de la prestación principal. En el caso de los contratos mixtos que comprendan en parte servicios especiales del anexo IV, y en parte otros servicios, o en el caso de los contratos mixtos compuestos en parte por servicios y en parte por suministros, el objeto principal se determinará en función de cuál sea el mayor de los valores estimados de los respectivos servicios o suministros.

b) Cuando el contrato mixto contenga prestaciones de los contratos de obras, suministros o servicios, por una parte, y contratos de concesiones de obra o concesiones de servicios, de otra, se actuará del siguiente modo:

1.° Si las distintas prestaciones no son separables se atenderá al carácter de la prestación principal.

2.° Si las distintas prestaciones son separables y se decide adjudicar un contrato único, se aplicarán las normas relativas a los contratos de obras, suministros o servicios cuando el valor estimado de las prestaciones correspondientes a estos contratos supere las cuantías establecidas en los artículos 20, 21 y 22 LCSP, respectivamente. En otro caso, se aplicarán las normas relativas a los contratos de concesión de obras y concesión de servicios.

Cuando el contrato mixto contemple prestaciones de contratos regulados en la LCSP con prestaciones de otros contratos distintos de los regulados en la misma, para determinar las normas aplicables a su adjudicación se atenderá a las siguientes reglas:

a) Si las distintas prestaciones no son separables se atenderá al carácter de la prestación principal.

b) Si las prestaciones son separables y se decide celebrar un único contrato, se aplicará lo dispuesto en la LCSP.

En los casos en que un elemento del contrato mixto sea una obra y esta supere los 50.000 euros, deberá elaborarse un proyecto y tramitarse de conformidad con los artículos 231 y siguientes de la LCSP.

En el supuesto de que el contrato mixto contenga elementos de una concesión de obras o de una concesión de servicios, deberá acompañarse del correspondiente estudio de viabilidad y, en su caso, del anteproyecto de construcción y explotación de las obras previstos en los artículos 247, 248 y 285 LCSP.

8. Sectores excluidos

8.1. *Contratación en los sectores del agua, energía, transporte y servicios postales*

Los contratos en los sectores del agua, la energía, los transportes y los servicios postales se rigen por el Real Decreto-ley 3/2020, de 4 de febrero, que viene a transponer, entre otras, la Directiva 2014/25/UE (Gimeno Feliú).

Todos los contratos que celebren las entidades que tengan la consideración de Administraciones Públicas, independientemente del sector al que se refieran, se regirán por la LCSP. Mientras que los contratos que celebren las entidades que no gocen de la consideración de Administraciones Públicas se regirán por este RD-Ley cuando operen en estos ámbitos y los contratos superen los umbrales establecidos en esta norma. Si, por el contrario, las entidades que no gocen de la consideración de Administraciones Públicas celebran contratos que no superen los mencionados umbrales, aunque la actividad se refiera a los sectores del agua, la energía, los transportes y los servicios postales, se les aplicará la LCSP.

8.2. *Contratación en el ámbito de la defensa y seguridad*

Los contratos de obras, suministros y servicios celebrados en el ámbito de la Defensa y Seguridad seguirán rigiéndose por su correspondiente Ley específica

(Ley 24/2011, de 1 de agosto, de contratos del sector público en los ámbitos de la defensa y de la seguridad), en los supuestos en ella determinados. Sin embargo, las concesiones de obras y servicios celebradas en estos mismos ámbitos sí se sujetan a la LCSP.

IV. MATERIALES DIDÁCTICOS

1. Bibliografía específica

ARANA GARCÍA, E.: «El contrato de servicios», *Cuadernos de Derecho para Ingenieros* (coords. M. Á. Agúndez, J. Martínez-Simancas Sánchez), vol. 7, 2010.

DE GUERRERO MANSO, C.: «Ejecución contractual en tiempos de pandemia», *Anuario de Derecho Municipal*, n.° 14, 2020.

— «¿Compra pública de innovación en tiempo de COVID-19?», *Observatorio de los contratos públicos 2019* (dir. J. M. Gimeno Feliú; coord. C. de Guerrero Manso), Thomson Reuters-Aranzadi, Cizur Menor, 2020.

FRANCH I SAGUER, M.: «El contrato de suministro», *Cuadernos de Derecho para Ingenieros* (coords. M. Á. Agúndez, J. Martínez-Simancas Sánchez), vol. 7, 2010.

GALLEGO CORCOLES, I.: «Contrato administrativo de obra y responsabilidad por vicios ocultos», *Contratación Administrativa Práctica*, n.° 92, 2009.

— «Contrato de concesión de servicios y revisión de tarifas», *Contratación Administrativa Práctica*, n.° 147, 2017.

— «Licitación y prórroga de las concesiones de servicio de transporte público terrestre en la jurisprudencia del Tribunal Supremo», *Contratación Administrativa Práctica*, n.° 148, 2017.

— «Novedades en el ámbito objetivo de la Ley de Contratos del Sector Público. Especial referencia a sus implicaciones en el ámbito local», *El Consultor*, n.° 23, 2017.

— «El impacto de la crisis del COVID-19 sobre los contratos públicos en vigor», *Anuario del Gobierno Local*, n.° 1, 2020.

GIMENO FELIÚ, J. M.: *La Ley de contratos de sector público 9/2017: sus principales novedades, los problemas interpretativos y las posibles soluciones*, Thomson Reuters-Aranzadi, Cizur Menor, 2019.

— *Compra pública de medicamentos y servicios de innovación y tecnología sanitaria, eficiencia y creación de valor*, Thomson Reuters-Aranzadi, Cizur Menor, 2020.

— «La crisis sanitaria COVID-19. Reflexiones sobre su incidencia en la contratación pública y las soluciones adoptadas», *Observatorio de los contratos públicos 2019* (dir. J. M. Gimeno Feliú; coord. C. de Guerrero Manso), Thomson Reuters-Aranzadi, Cizur Menor, 2020.

— «La nueva regulación de la contratación en los sectores especiales y su incidencia práctica. Novedades del Real Decreto-ley 3/2020», *Cuadernos de Derecho Local*, n.° 53, 2020.

— «La adquisición masiva de vacunas», *El Cronista del Estado Social y Democrático de Derecho*, n.° 93-94, 2021.

MIRANZO DÍAZ, J.: *La prevención de la corrupción en la contratación pública*, El Consultor de los Ayuntamientos, Madrid, 2019.

VILLALBA PÉREZ, F.: «Ejecución de los contratos administrativos de concesión de obra pública», *Comentarios a la Ley de contratos del sector público* (dir. L. Parejo Alfonso), Bosch, Barcelona, 2009.

— «Control, revisión y supervisión de las actuaciones y decisiones contractuales del sector público», *Defensa del patrimonio público y represión de conductas irregulares* (dir. F. Castillo Blanco), Iustel, Madrid, 2020.

2. Normativa de referencia

— Ley 9/2017, de 8 de noviembre, de Contratos del Sector Público, por la que se transponen al ordenamiento jurídico español las Directivas del Parlamento Europeo y del Consejo 2014/23/UE y 2014/24/UE, de 26 de febrero de 2014 (en adelante, LCSP).
- Contrato de obras, artículos 231 ss.
- Contrato de concesión de obras, artículos 247 ss.
- Contrato de concesión de servicios, artículos 284 ss.
- Contrato de suministros, artículos 298 ss.
- Contrato de servicios, artículos 308 ss.

— Real Decreto-ley 8/2020, de 17 de marzo, de medidas urgentes extraordinarias para hacer frente al impacto económico y social del COVID-19.
- Medidas en materia de contratación pública para paliar las consecuencias del COVID-19, artículo 34.

3. Enlaces de utilidad

— Junta Consultiva de Contratación Administrativa: http://www.minhap.gob.es/es-ES/Servicios/Contratacion/JuntaConsultivadeContratacionAdministrativa

— Comisión Consultiva de Contratación Pública: http://www.juntadeandalucia.es/haciendayadministracionpublica/contratacion/c_consultiva/c_consultiva.htm

4. Preguntas clave

1. Los contratos típicos tras la LCSP de 2017.
2. Contrato de obras: objeto.
3. Actuaciones preparatorias del contrato de obras. Elaboración del proyecto de obras. Presentación del proyecto por el empresario. Supervisión del proyecto. Aprobación del proyecto. Replanteo del proyecto. Procedimiento de Evaluación de Impacto Ambiental.
4. Adjudicación del contrato de obras.
5. Ejecución del contrato de obras. Comprobación del replanteo. Ejecución de las obras y responsabilidad del contratista. Certificaciones y abonos a cuenta. Obras a tanto alzado y obras con precio cerrado. Modificación del contrato de obras.
6. Extinción del contrato de obras. Cumplimiento del contrato de obras. Recepción provisional y certificación final de obra. Recepción definitiva y liqui-

dación del contrato. Responsabilidad por vicios ocultos. Resolución del contrato de obras.

7. Contrato de concesión de obras: concepto.

8. Actuaciones preparatorias del contrato de concesión de obras. Estudio de viabilidad. Anteproyecto de construcción y explotación de las obras. Proyecto de las obras y replanteo. Pliego de cláusulas administrativas particulares.

9. Adjudicación del contrato de concesión de obras.

10. Ejecución del contrato de concesión de obras. Construcción de las obras objeto de concesión: la participación de la Administración o de terceros. Derechos y obligaciones del concesionario. Derechos del concesionario. Obligaciones del concesionario. Mantenimiento del equilibrio económico del contrato. Prerrogativas y derechos de la Administración. Modificación de las obras. Secuestro o intervención de la concesión. Penalidades por incumplimiento del concesionario. Régimen económico financiero de la concesión. Duración de los contratos de concesión de obras.

11. Extinción del contrato de concesión de obras. Extinción por cumplimiento. Extinción por resolución.

12. Contrato de concesión de servicios: objeto y delimitación con los contratos de servicios que conlleven prestaciones directas a favor de la ciudadanía.

13. Actos preparatorios del contrato de concesión de servicios. Régimen jurídico del servicio público. Pliegos y anteproyecto de obra y explotación.

14. Adjudicación del contrato de concesión de servicios.

15. Ejecución del contrato de concesión de servicios. Obligaciones del contratista y poder de policía de la Administración. Modificación del contrato de concesión de servicios. Duración.

16. Extinción del contrato de concesión de servicios. Cumplimento y efectos del contrato de concesión de servicios. Resolución del contrato de concesión de servicios.

17. Contrato de suministro: objeto.

18. Regulación de determinados contratos de suministro. Arrendamiento. Contrato de fabricación.

19. Adjudicación del contrato de suministro.

20. Ejecución del contrato de suministro. Entrega y recepción. Pago del precio. Facultades de la Administración en el proceso de fabricación. Duración.

21. Extinción del contrato de suministro. Cumplimiento del contrato de suministro. Gastos de entrega y recepción. Vicios o defectos durante el plazo de garantía. Resolución del contrato de suministro.

22. Contrato de servicios: objeto.

23. Adjudicación del contrato de servicios.

24. Ejecución del contrato de servicios. Obligaciones del contratista. Especialidades de los contratos de servicios que conlleven prestaciones directas a favor de la ciudadanía. Subsanación de errores. Indemnizaciones por desviaciones en la ejecución de obras y responsabilidades en el contrato de elaboración de proyectos de obras. Duración. Extinción.

25. Contratos mixtos: objeto y criterios de adjudicación.

26. Sectores excluidos. Contratación en los sectores del agua, energía, transporte y servicios postales. Contratación en el ámbito de la defensa y seguridad.

5. Test de autoevaluación

1. *Dentro de los actos preparatorios del contrato de obras, se incluye…*

a) La realización de un estudio de viabilidad.
b) La elaboración del proyecto de obra objeto del contrato.
c) El establecimiento de la actividad como de servicio público.
d) La recepción provisional y el certificado final de obra.

2. *En el replanteo del proyecto del contrato de obras…*

a) Se realiza un análisis económico financiero del objeto del contrato.
b) Solo interviene la Administración contratante.
c) Interviene la Administración contratante y el contratista.
d) Se determinan las cantidades a abonar como certificaciones de obra.

3. *La construcción y explotación de un aparcamiento subterráneo para residentes se tramitará por un Ayuntamiento a través de la siguiente modalidad contractual…*

a) Contrato de servicios.
b) Contrato de obras.
c) Contrato de concesión de obra pública.
d) Contrato de concesión de servicios.

4. *No es un derecho de los concesionarios del contrato de concesión de obra…*

a) El mantenimiento del equilibrio económico de la concesión.
b) Admitir la utilización de las obras por todo usuario de acuerdo con los principios de igualdad, universalidad y no discriminación.
c) Proteger el dominio público que quede vinculado a la concesión, en especial, preservando los valores ecológicos y ambientales del mismo.
d) Cuidar del buen orden y de la calidad de las obras, y de su uso, pudiendo dictar las oportunas instrucciones.

5. *El riesgo de que los servicios no se ajusten a la demanda se conoce como…*

a) Riesgo de demanda.
b) Riesgo operacional.
c) Riesgo de suministro.
d) Riesgo empresarial.

6. *Indique cuál de las siguientes afirmaciones no es correcta…*

a) La LCSP ha suprimido el contrato de colaboración público privada, como consecuencia de la escasa utilidad de esta figura en la práctica.

b) Con la LCSP desaparece la figura del contrato de gestión de servicio público y la regulación de los diferentes modos de gestión indirecta.

c) Tanto en los contratos de concesión de obras como de concesión de servicios no debe haber necesariamente una transferencia del riesgo operacional de la Administración al concesionario.

d) El régimen jurídico específico correspondiente al contrato de obras, al de suministro y al contrato de servicios no ha sufrido excesivas reformas en la LCSP, tan solo meras modificaciones puntuales.

7. *No es una causa de resolución del contrato de concesión de servicios...*

a) El rescate del servicio por la Administración para su gestión directa por razones de interés público.

b) La supresión del servicio por razones de interés público.

c) La aprobación de un reglamento por una Administración distinta de la concedente con posterioridad a la formalización del contrato.

d) El secuestro de la concesión por un plazo superior al establecido, sin que el contratista haya garantizado la asunción completa de sus obligaciones.

8. *En los contratos de servicios que conlleven prestaciones directas a favor de la ciudadanía no se deberá cumplir una de las siguientes prescripciones...*

a) Los bienes afectos a los servicios no podrán ser objeto de embargo.

b) La Administración conservará los poderes de policía necesarios para asegurar la buena marcha de los servicios.

c) El adjudicatario estará sujeto a las obligaciones de prestar el servicio con la continuidad convenida.

d) Con carácter general, la prestación de los servicios se efectuará en dependencias o instalaciones de la Administración contratante.

9. *La Administración no deberá restablecer el equilibrio económico del contrato de concesión de servicios cuando...*

a) Causas de fuerza mayor determinen de forma directa la ruptura sustancial de la economía del contrato.

b) Actuaciones de la Administración determinaran de forma directa la ruptura sustancial de la economía del contrato.

c) La Administración modifique, por razones de interés público, las características del servicio contratado.

d) La Administración dicte acuerdos sin trascendencia económica.

10. *Aquellos contratos que tienen por objeto la adquisición, el arrendamiento financiero, o el arrendamiento, con o sin opción de compra, de productos o bienes muebles se engloban dentro de...*

a) Los contratos mixtos.

b) Los contratos de servicios.
c) Los contratos de suministro.
d) Los contratos de obras.

V. ACTIVIDADES COMPLEMENTARIAS

ACTIVIDAD 1. *Resolución de contrato de obras por incumplimiento del contratista.*

Estudio del Dictamen número 661/2012, de 26 de julio, del Consejo Consultivo de Andalucía (número marginal II.626), en el que se analiza la resolución de un contrato administrativo de obras (para la construcción de un pabellón polideportivo cubierto) que quiere llevar a cabo el Ayuntamiento de Güevéjar (Granada) alegando incumplimiento por el contratista del plazo de ejecución. El ponente de este Dictamen fue D. Francisco José Gutiérrez Rodríguez, y el letrado D. Tomás Requena López.

Cuestiones planteadas:

A la vista de este Dictamen, responda a las siguientes cuestiones:

1.ª En consideración a la fecha en que fue adjudicado este contrato, ¿qué normativa resulta de aplicación a la resolución del mismo?

2.ª Consideración legal del ente contratante. Nivel de aplicación de la LCSP.

3.ª Tipo de contrato, régimen jurídico y jurisdicción a la que se le somete.

4.ª Especifique las potestades de la Administración en la contratación administrativa y concrete en qué consiste el principio de equilibrio económico del contrato.

5.ª Causas de resolución del contrato y efectos.

6.ª ¿Por qué en el caso de autos es preceptivo el dictamen de este órgano consultivo?

7.ª La resolución del contrato queda sujeta al cumplimiento de la presentación de un informe del Servicio Jurídico. ¿Se cumple con esta formalidad en el asunto aquí analizado?

8.ª ¿Qué causas se alegan por la Administración para amparar la resolución contractual por ella pretendida? ¿Qué análisis de estas causas realiza el Consejo Consultivo de Andalucía?

9.ª ¿Qué efectos provoca en este procedimiento la resolución de contrato que solicita la propia contratista? ¿Qué causa alega para ello la adjudicataria? ¿Por qué no prospera esta causa si parece concurrir la imposibilidad referida?

10.ª De acuerdo con la doctrina del Consejo Consultivo de Andalucía, ¿qué papel cumple la fianza de cara al resarcimiento de daños y perjuicios por parte de la Administración? ¿Por qué no procede la indemnización de daños y perjuicios ni la incautación de la fianza en el caso que nos ocupa? ¿Por qué es incompatible la pretensión de resolución del contrato que solicita la Administración con la imposición de penalidades?

ACTIVIDAD 2. *Concesión de obra pública de un aparcamiento subterráneo.*

Estudio del Expediente de Contratación número 316/2008, del Ayuntamiento de Granada, relativo al procedimiento abierto para la concesión de obra pública para la construcción y explotación del Aparcamiento Subterráneo para residentes «Plaza del Rocío» (disponible a texto completo en la URL del Ayuntamiento de Granada: http://www.granada.org/Contrata.nsf/xtod/19E99F75E79F5290C12576BE0026AD02?opendocument&highlight=0,plaza%20del%20roc%C3%ADo).
Cuestiones planteadas:

1.ª En qué consiste el contrato de concesión de obra pública. Defínalo.
2.ª Consideración legal del ente contratante y nivel de aplicación de la LCSP.
3.ª Especifique la capacidad y aptitud exigida a la empresa contratista.
4.ª Tipo o clase de contrato y régimen jurídico al que queda sometido.
5.ª ¿Cómo y dónde se solucionarán las posibles controversias que puedan surgir en las fases de preparación, adjudicación y ejecución del contrato? Especifique el control de la actuación contractual.
6.ª Desglose los actos preparatorios de este contrato.
7.ª El procedimiento de contratación en cuestión incluye una adjudicación provisional y una posterior definitiva. Explique la regulación actual de la adjudicación y sus diferencias con la vigente en el caso propuesto.
8.ª Adjudicado el contrato, ¿cuál es el siguiente trámite que establece la LCSP?
9.ª Identifique a los integrantes de la mesa de contratación que procede a dar cuenta del Informe Técnico de evaluación del sobre «B» («Criterios ponderables en función de un juicio de valor») y a la apertura del sobre «C» («Criterios evaluables de forma automática»). ¿Qué valoración total, en puntos, otorga la mesa de contratación a la única proposición presentada a este procedimiento?
10.ª En virtud de las resoluciones emitidas por el Ayuntamiento de Granada en el marco de este procedimiento, indique bajo qué requisitos, condiciones y obligaciones tendrá que llevar a cabo la adjudicataria la ejecución de este contrato y, en concreto:

— ¿Cuál es el precio de las plazas de aparcamiento?
— ¿Cuál es el plazo de ejecución de las obras de aparcamiento?
— ¿Cuál es el canon anual por plaza de aparcamiento? ¿Qué mejora supone el mismo respecto del tipo de licitación aprobado?
— ¿A qué cantidad asciende la garantía definitiva que debe consignar la empresa adjudicataria? ¿Qué criterios se han tenido en cuenta para calcular la misma?

11.ª Apunte las medidas medioambientales que, en su Estudio de Viabilidad, se compromete a emprender la empresa adjudicataria, en especial, en relación con los árboles presentes en la referida plaza. ¿Es preceptiva, en este supuesto, la solicitud de un informe de impacto ambiental?

ACTIVIDAD 3. *Trabajo personal.*

Analice las diferencias y similitudes entre el contrato de concesión de servicios y el contrato de servicios. Incorpore alguno de los informes de la Junta Consultiva de Contratación Administrativa a este respecto.

ACTIVIDAD 4. *Valoración de ofertas de un contrato de suministro y discrecionalidad técnica.*

Estudio de la Resolución número 38/2012, de 12 de abril de 2012, del Tribunal Administrativo de Recursos Contractuales de la Junta de Andalucía, en la que se analiza el recurso especial en materia de contratación interpuesto contra la resolución de la Diputación Provincial de Granada en la que se adjudica un contrato de suministro de víveres con destino a la cocina de los centros sociales de Armilla (Granada) dependientes de este Ente local.

Cuestiones planteadas:

A la vista de esta Resolución, responda a las siguientes cuestiones:

1.ª Tipo de contrato, régimen jurídico y jurisdicción a la que se someten los contratos sujetos a regulación armonizada.

2.ª ¿Cuál es la naturaleza jurídica del Tribunal Administrativo de Recursos Contractuales de la Junta de Andalucía? ¿En qué consiste el recurso especial en materia de contratación? ¿Sobre qué contratos versa?

3.ª En el caso que nos ocupa, ¿por qué dilucidó este asunto el referido Tribunal si la Diputación Provincial de Granada no había suscrito un convenio a este respecto con la Consejería de Hacienda de la Junta de Andalucía?

4.ª ¿Qué valor tienen las resoluciones de este Tribunal? ¿Cabe un recurso administrativo contra las mismas? ¿Y un recurso contencioso-administrativo?

5.ª ¿Por qué se produce una incorrecta valoración, a juicio de este Tribunal, del criterio relativo a las mejoras? ¿En qué argumentos se apoya este Tribunal para sustentar su resolución a este respecto? Operando de este modo, ¿sustituye este Tribunal las valoraciones técnicas del órgano administrativo calificador? ¿Cuáles son los elementos que definen a la discrecionalidad técnica?

ACTIVIDAD 5. *Contrato de servicios celebrado por la UGR.*

Estudio del Expediente del Servicio de Contratación de la Universidad de Granada número 13/12, Lote 1, servicio de mantenimiento de la aplicación Universitas XXI-económico, año 2013 (disponible a texto completo en la URL de la Universidad de Granada: http://oficinavirtual.ugr.es/contratacion/detallado_finalizado.jsp?expediente=S.C.%2013/12).

Cuestiones planteadas:

1.ª Consideración legal del ente contratante en la LCSP y nivel de aplicación.

2.ª Especifique la capacidad y aptitud exigida a la empresa contratista.

3.ª Tipo o clase de contrato y régimen jurídico al que queda sometido.

4.ª ¿Cómo y dónde se solucionarán las posibles controversias que puedan surgir en las fases de preparación, adjudicación y ejecución del contrato? Especifique el control de la actuación contractual.

5.ª Desglose los actos preparatorios de este contrato. ¿Por qué se utiliza un procedimiento negociado sin publicidad para su adjudicación?

6.ª Adjudicado el contrato, ¿cuál es el siguiente trámite que establece la LCSP?

7.ª Identifique a los integrantes de la mesa de contratación y, en su caso, de la Comisión Técnica.

8.ª En virtud de las resoluciones emitidas por la Universidad de Granada en el marco de este procedimiento, indique bajo qué requisitos, condiciones y obligaciones tendrá que llevar a cabo la adjudicataria la ejecución de este contrato y, en concreto:

— ¿Cuál es el presupuesto base de la licitación?
— ¿Cuál es el importe o canon de adjudicación?
— ¿Cuál es el importe anual de servicios añadidos al contrato?
— ¿Cuáles son las ventajas de la oferta adjudicataria?

ACTIVIDAD 6. *Revisión de oficio de un contrato de servicios.*

El Dictamen núm. 0494/2011, de 19 de julio, del Consejo Consultivo de Andalucía (número marginal II.434), analiza la consulta planteada por el Ayuntamiento de Lucena (Córdoba) sobre revisión de oficio de un contrato cuyo objeto es la prestación de los servicios de mantenimiento, limpieza, atención al público, socorrismo y monitoría deportiva en las piscinas municipales, aduciendo que se ha adjudicado el mismo prescindiendo total y absolutamente del procedimiento legalmente establecido, al haberlo considerado, erróneamente, como un contrato menor. La ponente de este Dictamen fue D.ª María Luisa Balaguer Callejón, y el letrado D. Manuel del Castillo Gutiérrez.

Cuestiones planteadas:

A la vista de este Dictamen, responda a las siguientes cuestiones:

1.ª Ente contratante. ¿Ante qué tipo de contrato nos encontramos? ¿En qué consisten los contratos menores? ¿Qué particularidades presentan los mismos en su publicidad, licitación y adjudicación?

2.ª ¿Por qué en el caso de autos es preceptivo el dictamen de este órgano consultivo? ¿Qué causas se alegan por la Administración para amparar la revisión de oficio por ella pretendida? ¿Qué análisis de estas causas realiza el Consejo Consultivo de Andalucía?

3.ª ¿Qué consecuencias produce la nulidad del contrato? ¿Cómo ha de liquidarse un contrato? ¿Qué efectos económicos producen los contratos nulos?

ACTIVIDAD 7. *La adquisición masiva de vacunas contra el COVID-19.*

Se propone la lectura y debate en clase del trabajo del profesor GIMENO FELIÚ: «La adquisición masiva de vacunas», publicado en *El Cronista del Estado*

Social y Democrático de Derecho, n.º 93-94, 2021, pp. 80-88, que aborda la *Estrategia de la UE para las vacunas contra la COVID-19*. Bruselas, 17.6.2020. COM(2020) 245 final.

Por mor del principio de subsidiariedad, la política de vacunación, en cuanto política sanitaria, resta en manos de los diferentes Estados miembros. Esta Estrategia se centra en el plano económico. Desde la UE se ha apostado por una estrategia conjunta a escala europea de adquisición pública de vacunas, por un proceso centralizado único (avalado por STJUE de 2 de junio de 2016, *Dr. Falk Pharma GmbH contra DAK-Gesundheit*) que beneficie a los 27 Estados miembros, ante la certeza de que ninguno de estos Estados, por sí solo, «tiene la capacidad de garantizar la inversión en el desarrollo y producción de un número suficiente de vacunas».

Estos acuerdos de compra anticipada con los productores de las vacunas mejoran nuestra capacidad negociadora (articulada a través de las instituciones europeas), evitan el caos que supondría someterse a 27 procesos distintos de contratación y favorecen la solidaridad entre los diferentes Estados miembros de la Unión (algo nada desdeñable, pues lo contrario pondría en jaque el proyecto europeo, ya que los diferentes Estados competirían en el mercado por la compra de nuestra principal arma contra el virus). Este proceso central de adquisición pública, que funciona como una técnica de compra conjunta o agregada, permite, de manera simple y uniforme, mitigar y compartir riesgos, incrementar las inversiones y obtener economías de escala, adaptando el marco normativo de la UE a la actual situación de emergencia sanitaria.